manhã de setembro

manhã de setembro

O pesadelo global do terrorismo

orgs: Luigi Zoja
e Donald Williams

Tradutores: Gustavo Barcellos
Dornelis Benato
Marilena Cammarota
Otelmo Eggers
Luis Pellegrini
Melania Scoss
Merle Scoss

Revisão técnica: Caio Kugelmas

AXIS MVNDI

XEQUE-MATE

Nasci em Rockaway, no Baixo Brooklyn,
numa ponta de terra que parece um dedo largo apontado para o Atlântico.
De mulher não lembro que na infância, tempo dos primeiros encantos,
de amor me tenha nutrido. Mas é belo crescer atrás de uma sebe,
o oceano nos olhos todos os dias,
belo como descobrir o orgulho mal disfarçado na cara italiana de meu pai
no dia em que cheguei em casa com meu primeiro ordenado de contador.
Ele quis jogar uma partida de xadrez e,
fumando apenas dois cigarros,
deixou-me fácil vencer com um salto da torre e outro da rainha.
Compreendi que deveria estar sempre atento às torres,
peças de movimento traiçoeiro,
no seu percurso branco e negro em forma de cruz.

"Traiçoeiras", disse sério o meu velho,
e sorrindo lembrei-me da palavra naquela terça-feira de 11 de setembro
quando corria ao trabalho pelas ruas de Manhattan.
Posso reconhecer o seu aviso
agora que sou poeira dispersa por um raio obsceno,
poeira abandonada entre outros pós decompostos
sobre a calçada rasgada,
ao lado das folhas onde meu pai não irá jamais me encontrar
para mais uma partida de xadrez.
Eu era de Rockaway
e de mulher não conheci amor nem conforto:
que uma agora se achegue
e que peça ao íris branco para florescer
em memória do meu nome indistinto e cancelado.

LUCIO MARIANI – Roma, 26 de setembro de 2001
[tradução de Luis Pellegrini]

SUMÁRIO

PREFÁCIO

Não é o número de mortos que define uma grande tragédia coletiva. São "grandes tragédias coletivas" aquelas que nos remetem a um mito. Aquelas que nos provocam uma nova angústia, mas revelam uma antiga certeza.

Há terremotos que matam cem mil pessoas, mas são apenas incidentes terríveis: não porque acontecem com algum povo pobre e distante, mas porque seu significado se esgota no fenômeno sísmico. O naufrágio do Titanic foi infinitamente menos mortal, mas se alastra em nossa mente com uma força autônoma. Obriga a mente a pensar nele. Anuncia uma face sombria da modernidade. Não envolve a relação com o fenômeno sísmico, mas a relação entre o homem e Deus e o sentido que Deus dá à morte.

Segundo um antigo mito, a arrogância do homem pode tornar-se o seu túmulo. Foi assim com o Titanic, foi assim com as Torres Gêmeas de Nova York. É sempre assim quando o homem desafia Deus, a começar pela Torre de Babel.

Certos acontecimentos são como um ventre grávido. Nós os sentimos cheios de significado. Sabemos que existe neles um significado, mas ainda não percebemos qual seja. Nessa incerteza angustiante, uma única coisa parece clara: o acontecimento produziu mais vítimas do que dizem as estatísticas. Todos nós o sofremos, na verdade, todos nós somos suas vítimas.

Mas logo entendemos outra coisa. Estamos diante de uma contradição. Por um lado, aquele acontecimento nos surpreende, possui a nossa mente como uma notícia perturbadora. Por outro lado, à medida que refletimos, temos a impressão de nos confrontar com uma revelação: a de "descobrir" algo que já existia. "Revelar" não quer dizer encontrar um fato novo, mas tirar o véu que cobria uma coisa já existente. A grande tragédia coletiva pertence àquele tipo de novidade chamado "revelação" – ou, se usarmos a expressão vinda do grego, *apocalipse*.

Assim é o 11 de setembro. Todos dizem apenas "onze de setembro", sem acrescentar mais nada, talvez para sempre. Isso não ocorreu com a descoberta da América nem com o início das Guerras Mundiais. Logo, significa que nenhuma outra data foi tão apocalíptica como esta: um dia –uma manhã de setembro– que contém, ao mesmo tempo, o clarão destruidor e o Julgamento Divino.

O acontecimento nos mostrou, num entrelaçamento, uma novidade radical (a notícia) e um arcaísmo radical (o mito).

É exatamente isso que nos perturba: se fosse apenas algo novo ou apenas algo já conhecido, seria mais fácil classificá-lo.

A "revelação" do 11 de setembro não se refere ao massacre de milhares de civis. A despeito da sua aterrorizante violência, dentro de uma guerra declarada, as mortes não são assim tão significativas. O assassinato em massa de civis é uma escolha deliberada de todas as guerras modernas. Não é preciso lembrar essa verdade, ainda que freqüentemente o público e as autoridades militares concordem em esquecê-la. Às 11 horas de uma outra data que transformou o mundo – o lançamento da primeira bomba atômica, em 6 de agosto de 1945–, o comunicado de imprensa da Casa Branca dizia simplesmente: "Há dezesseis horas, um avião americano lançou uma bomba sobre Hiroshima, uma *importante base militar* (...)."[1]

No 11 de setembro, a "revelação" que nos custa aceitar é outra, mais simples: a notícia e o mito se casam, podem ser uma única e mesma coisa. Custa-nos *aceitar*, porque a realidade é muito mais poderosa do que a imaginação; custa-nos *acreditar*, porque sabemos das notícias pela televisão.

Certo, a televisão nos fornece mitos todos os dias (a justiça triunfante ou o triunfo do amor, por exemplo), mas de uma forma tão óbvia, tão comercial e inverossímil que mascamos os mitos como se fossem chicletes, não os mastigamos como alimentos. Eles não têm sabor, não nos nutrem, nem percebemos o processo de "mastigação". O mito, ao contrário, é necessário para a nutrição da psique, tanto quanto as vitaminas e proteínas para o corpo.

Onde você estava no meio da manhã do dia 11 de setembro de 2001, horário nova-iorquino? Quase todos nós sabemos responder (temos aquela data no calendário e o relógio mental acertado com o de Nova York) e isso significa que a globalização é fato assimilado e que a História não mais espera pelos historiadores para ser escrita. Estávamos, quase todos nós, diante da televisão: buscávamos uma explicação do mundo no assassino que, segundo Jean Baudrillard, matou a realidade.[2]

O dramaturgo Roberto Buffagni conta: "(...) fechado no meu escritório, isolado do mundo, trabalhei sem parar desde a madrugada até lá pelas 5 da tarde (11, 11 e meia da manhã em Nova York). Quando cansei e senti fome, peguei o carro e fui até uma lanchonete comer um sanduíche e tomar uma cerveja. Sentado na lanchonete praticamente vazia, lancei um olhar distraído à televisão, que estava ligada, mas sem som. Na tela silenciosa, um avião batia nas Torres Gêmeas e desaparecia numa nuvem de fogo. Chateado (detesto esses filmes-catástrofe), pedi à garçonete para mudar de canal, porque eu preferia o noticiário. Ela me olhou espantada e respondeu, aumentando o volume do aparelho: "Mas *é* o noticiário."[3]

Meu colega M. mora em Lower Manhattan, próximo à Universidade de Nova York. Do seu apartamento, bastava debruçar-se na varanda para enxergar as Torres. Naquela manhã, sem nenhum compromisso, foi preparar uma xícara de café e, enquanto a água fervia, fez algo que raramente faz: ligou a tevê. Viu a imagem de uma das Torres desabando. Correu para a varanda. Tudo o que encontrou à sua frente foi fumaça e estrépito, sem sentido. Os edifícios mais imponentes do mundo quase desmoronaram sobre ele, mas tudo o que M. soube foi pela televisão. Igualzinho ao resto do mundo que estava diante da tevê.

Minha mulher e eu estávamos em casa quando alguém telefonou da Europa e nos mandou ligar a televisão. Ali ficamos, em silêncio, olhando uma Torre em chamas. Depois de alguns minutos, minha mulher disse: "Mas lá, lá dentro, não é possível que haja alguém." Percebi que ela se aproximava do aparelho porque não conseguia enxergar direito, seus olhos estavam cheios de lágrimas. Encostei o dedo na tela, seguindo aquelas manchinhas que me pareciam figuras humanas surgindo nas janelas e depois caindo lá embaixo. Fiz isso por mim mesmo, creio:

também eu estou acostumado a histórias falsas ou notícias verdadeiras, mas não às duas coisas juntas. Vendo um massacre "ao vivo", a imagem não entrava na minha mente. Meu dedo, meu corpo, procurava transpor aquela imensa distância e restabelecer uma "comunicação direta". (Continuo acreditando em uma coisa que os jornais não mencionaram: muitas pessoas foram empurradas para fora das janelas. As janelas das Torres Gêmeas não foram feitas para ser abertas e, uma vez explodidas – ou arrombadas para que a fumaça saísse–, todos se comprimiram diante da abertura para respirar.)

Os fatos, no início, são violentamente "externos", a psique esforça-se até receber a informação. Contudo, pouco a pouco, começamos a sentir que o acontecimento não poderia ser diferente. Gradualmente encontramos em nossa psique uma forma preexistente, onde o acontecimento "cai" e se encaixa: o modelo mítico ao qual o acontecimento corresponde. Nasce a tentativa de reunir a novidade e a notícia à história e ao mito, encontrando neles um significado. Esse esforço é a tarefa da psicologia analítica e da psicologia arquetípica. E a tarefa comum dos ensaios deste livro.

Assim, o acontecimento acaba por parecer-se com uma história, talvez horrível, mas já conhecida em algum canto escuro da nossa mente. (É isso que "dá ibope"; sozinhos, o sangue e a morte não bastam.) Os fatos que compõem o acontecimento deixam de ser meros objetos separados, lançados em desordem sobre a mesa da vida cotidiana.

O conjunto dos fatos torna-se muito maior do que a sua soma. Produz alusões e símbolos. (Não apenas avião + incidente + mortos. Mas: tragédia, pesadelo global, conflito entre o bem e o mal, entre Oriente e Ocidente. E o mundo chocado com a revelação, o mundo que diz: "Nunca mais serei o mesmo.") Como o pensamento paranóico que escreveu o roteiro e colocou-o em cena no palco global, o acontecimento procura fazer-nos entender que é multideterminado, multissimbólico; que é notícia, mas também mito; que possui muito mais implicações e muito mais sentido se fizermos uma segunda leitura, e uma terceira, e assim por diante. (Um pequeno exemplo: nas datas norte-americanas, o mês antecede o dia. "September 11th" se escreve

9/11, que se pronuncia *nine eleven*. Mas, nos EUA, *nine eleven* é também o número de telefone, 911, para todas as emergências. Assim, desde sempre, mesmo antes do 11/9, também nas brincadeiras infantis *nine eleven!* é o grito de desespero.)

O ataque islâmico desencadeado contra o Ocidente não é somente uma expressão de mentalidades longínquas e incompreensíveis, como também de um mito universal que conhecemos: o mito da arrogância que, cedo ou tarde, chama sobre si mesma o castigo. Uma prova de que isso pertence ao nosso inconsciente é o fato de que, depois de 11 de setembro, abriu-se em todo o Ocidente um debate sobre a resposta militar àquele ataque militar e também —coisa quase sem precedentes— sobre a responsabilidade dos EUA,(*) cujas ações arrogantes teriam provocado esse ódio. Até o manifesto de 58 intelectuais norte-americanos em apoio à resposta militar de George W. Bush começa com essa constatação: "Reconhecemos que em alguns momentos nosso país agiu com arrogância".[4]

Creio que pela primeira vez um acontecimento político ou militar nos obriga abertamente a refletir também sobre os aspectos simbólicos da política ou dos conflitos. Apesar da montanha de livros já publicados sobre o 11 de setembro, acreditamos que *Manhã de Setembro: O Pesadelo Global do Terrorismo* tem uma contribuição única a oferecer. Acreditamos que quem vê o 11/9 e os episódios que se seguiram como uma série de represálias está desesperado. E preferimos pensar pensamentos difíceis, em vez de nos desesperar.

Se é verdade que o mundo tornou-se uma unidade global, aquelas represálias já são a sua guerra civil, que nunca poderá ser resolvida somente por meios militares. As duas Guerras Mundiais pareceram ainda mais trágicas (porém também superáveis) quando vistas como a guerra civil dos povos europeus. Também o conflito do Oriente Médio parece tornar-se insolúvel, porque não se consegue olhá-lo sob um novo ponto de vista. Ainda mais desesperador (porém talvez superável) seria vê-lo como a guerra civil dos povos semitas.

(*) Recomendo o profético *Blowback*, de Chalmers Johnson (Holt, Nova York, 2000), para quem tiver interesse específico por essa questão.

Inventamos a psicanálise, mas, sendo materialistas e pós-iluministas, vivemos em um mundo antipsicológico. Como dizia Jung, o que é interior tende a ser negado, projetado sobre o adversário e combatido. Infelizmente, a agressividade cria consenso, porém um consenso no nível mais simples. A resposta ao 11 de setembro é um bom exemplo dessas simplificações — e também um exemplo de como um acontecimento altamente emocional provoca regressão e contaminação psíquica, levando o agredido a imitar inconscientemente o agressor.

Guerra aos terroristas, dizia-se inicialmente. Mas as simplificações não bastam. Então: *Guerra ao terrorismo*. Depois, o slogan definitivo: *Guerra ao terror*.

Os lapsos, diz a psicanálise, são mais significativos que as afirmações conscientes. As Forças Armadas norte-americanas podem matar infinitos inimigos; mas e depois? Nunca poderão matar o terror, porque o terror se encontra dentro de nós. Porque o terror é um estado psíquico e, para matá-lo, teriam de matar a psique. A declaração de guerra ao terror não expressa apenas um programa militar, mas também uma intenção antipsicológica. Diversamente dos objetivos militares, que se alcançam com facilidade, caiu-nos em cima um problema sobre o qual teremos de refletir, porque ele permanecerá conosco muito tempo.

LUIGI ZOJA

Milão, novembro de 2002

Prefácio à Edição Original Suíça

Ao longo da História, guerras e outras catástrofes produziram destruição em massa muito maior que a dos ataques terroristas a Nova York e Washington em 11 de setembro de 2001. Raramente, no entanto, o mundo sofreu um choque tão amplo, tão brutal e sem precedentes como o "11/9". Parece que nós todos fomos feridos e marcados com uma cicatriz simbólica. Nosso mundo tornou-se um lugar diferente por causa disso? Se assim é, de que modo? Junto com os aspectos trágicos, o que esse "pesadelo global" tem para nos dizer? O que existe nele de aprendizado e quais feridas, novas e antigas, ele abriu? Qual herança ele nos deixou?

No rastro daquele atentado, tivemos de nos confrontar com essas e muitas outras questões cruciais. Neste livro, o episódio altamente complexo do 11/9 é enfocado e examinado sob diferentes ângulos por um grupo de escritores treinados, todos eles, em psicologia profunda. O que pode perceber um psicoterapeuta ou um estudioso de psicologia profunda ao observar essa explosão de conteúdos chocantes? Os sintomas de uma força poderosa como essa não são apenas apavorantes e dolorosos: eles também fornecem material para se trabalhar e, em conseqüência, proporcionam significado. Aqueles que estão familiarizados com a natureza da alma sabem que as experiências inesperadas e dolorosas contêm um potencial para o crescimento e a mudança – desde que estejamos prontos, desejosos e preparados para aceitar, refletir e trabalhar o material que nos é fornecido. Espera-se que esta coletânea de ensaios sirva de estímulo a outros esforços análogos, tanto no plano individual quanto no coletivo.

Os eventos de 11 de setembro foram trágicos, principalmente para aqueles que com eles estiveram diretamente envolvidos, mas seus efeitos foram sentidos em todo o mundo. Por mais arrasadoramente reais que tenham sido os atentados, para nós vale a pena observar também seus desdobramentos, como se eles constituíssem uma série de imagens do inconsciente ou um sonho coletivo e, portanto, uma poderosa fonte de informação. Os sonhos, inclusive os pesadelos, muitas vezes fornecem mensagens de grande importância para o sonhador. O que essas imagens trazem para nós, para nossos egos conscientes? Como nós as recebemos e interpretamos, como as suportamos e o que acontece em seguida? Esse foi um "pesadelo" coletivo de proporções dantescas e dele não podemos ignorar a realidade frontal que nos confronta: todos nós, sem exceção, fomos por ele afetados em nossa dimensão interior e naquela exterior. Ele alterou nossa experiência e nossa percepção. Da mesma forma que um trauma na vida do indivíduo, esse trauma coletivo constitui um ponto de referência maior em nossa história.

Na interpretação dos sonhos, dos sintomas, das imagens e das emoções feita no consultório terapêutico, em geral não é conveniente "se apressar" e estabelecer identificação com um aspecto em particular, ou categorizar. Fornecendo espaço adequado à complexidade do conjunto e permitindo que os sentimentos aflorem, possibilitamos aos conteúdos revelar a si próprios e ao seu significado. Aplicar esse tipo de abordagem terapêutica ao 11/9 talvez nos coloque no caminho do encontro de uma nova postura, de uma ampliação da consciência e, no devido tempo, da cura das feridas.

Quando circularam as primeiras notícias, toda a atenção focalizou-se nas vítimas. Mas surgiram então especulações, acusações, justificativas e muita retórica fundamentalista: apareceram referências a razões sagradas, discussões a respeito do bem e do mal, e assim por diante. Para muitos norte-americanos, o 11 de setembro de 2001 foi percebido como uma guerra travada no próprio território antes seguro e soberano, como um ataque cruel e devastador direto ao coração da sua identidade coletiva. O que levou a uma tal evolução das coisas? Junto aos sentimentos iniciais de desamparo e vulnerabilidade emergiu a compulsão de "fazer alguma coisa" e apareceram reptos de uma ação militar, invasões, tomada de posição em relação a residentes estrangeiros e muitos outros, todos alimentados pelo temor de que novos ataques, de qualquer tipo, estivessem sendo preparados.

O mundo continua em geral sendo aquilo que era na "manhã seguinte": a vida vai em frente e as estações do ano se sucedem. Mas, como nos pesadelos, permanecemos abalados por aquilo que foi experimentado na escuridão da noite. Qual poderia ser o papel do analista nesse caso? Tradicionalmente, muitos analistas optam por ser bem "discretos", fazer pouco ou nenhum comentário em matéria de acontecimentos políticos e restringir seu trabalho ao consultório analítico. A magnitude chocante desse evento, no entanto, levou vários deles a se manifestar e, pela primeira vez, a discutir abertamente uma questão coletiva mais ampla, bem como buscar outras formas ativas de ação. Eles agora nos fornecem as suas tentativas de compreender aquilo que experimentamos, e continuamos a experimentar, enquanto nos esforçamos para encontrar um significado.

A idéia desta coleção de ensaios contendo reflexões sobre o 11 de setembro nasceu naquele mesmo dia de 2001. Luigi Zoja, analista milanês que até recentemente estava fixado em Katonah, Nova York, foi duramente fustigado pelos eventos na sua então recém-assumida nova cidade e casa. Zoja começou a refletir e a escrever: os frutos dessas elucubrações estão no primeiro ensaio deste livro. Ele encorajou vários outros colegas junguianos a fazer o mesmo e passou a coletar os resultados. Poucos meses depois, Don Williams, de Boulder, Colorado, juntou-se a ele como co-editor. Eles perceberam uma necessidade urgente de levar adiante o assunto, de lançar luz sobre esse inquietante acontecimento a partir das suas próprias áreas de trabalho e de buscar uma compreensão mais profunda a seu respeito.

Escolhemos a Torre de Babel bíblica para ser motivo central da capa. A *hybris* e a vulnerabilidade que essa imagem tradicionalmente representa parecem apropriadas para expressar a situação do nosso mundo no momento em que o 11 de setembro aconteceu. Nossa falta de medida, nossa inflação e nossa desarmonia faziam parte do contexto e ajudaram a preparar o campo. Embora em si mesmos os ataques a sangue-frio não possam ser justificados, é nosso dever reconhecer a desigualdade em nível mundial entre norte, sul, leste e oeste e, no que diz respeito à economia mundial, o enorme fosso entre os que tudo possuem e os que nada possuem: essas são realidades que não podem ser negadas.

É interessante e talvez significativo lembrar que a IAAP (Associação Internacional de Psicologia Analítica) teve o seu congresso internacional trienal realizado em Cambridge, Inglaterra, apenas alguns dias antes dos atentados de 11 de setembro, e o tema escolhido para o encontro era "2001". O momento atual e os problemas globais na cúspide do milênio constituíram tópicos escaldantes, com conexões socioculturais e dimensões sociopolíticas muito mais presentes do que em qualquer outro congresso anterior. Muitos participantes de diferentes partes do mundo acorreram ao fórum pela primeira vez. A situação atual do mundo *versus* a qualidade atemporal do arquétipo constituiu um tema de debate que permeou numerosas apresentações. Mas havia um claro predomínio europeu e norte-americano entre os membros dessa organização e seus escritos, da mesma forma que em nosso meio profissional, e isso deve ser levado em conta no momento em que formos refletir sobre o contexto no qual ocorreu o 11/9. Houve um corte entre nós e nosso trabalho: um novo equilíbrio é necessário e temos de aprender uma nova maneira de escutar.

Aqui, na "Suíça segura e estável" onde por acaso resido, fomos afetados por várias "ondas de choque" nos dias e semanas subseqüentes aos acontecimentos de Nova York e Washington: um horrível e fatal acidente seguido de incêndio no interior de um dos grandes túneis alpinos; um tiroteio doido durante uma reunião governamental; o fim repentino da companhia aérea nacional, a "segura" Swissair; a louca investida de um automóvel conduzido por um jovem enfurecido contra as portas da catedral de Einsiedeln; e mais, tudo no lapso de um mês. Em outros lugares do mundo, colegas observaram o alastrar-se de fenômenos similares.

Muitos de nós e nossos familiares, amigos e clientes tivemos pressentimentos e sonhos a respeito de uma grande catástrofe que se aproximava; pessoas se sentiam pouco à vontade, parece que ocorreu uma maré de crises de relacionamentos pessoais, algo "pairava no ar". Quando o trágico evento aconteceu, como poderíamos compreendê-lo? No que nosso mundo estava se transformando? Muitos de nós estávamos fisicamente "distantes da cena", porém nos sentimos todos envolvidos no contexto de nossa própria situação de crise. Afinal de contas, estamos todos no mesmo barco: compartilhamos um único e mesmo planeta.

Como foi repetidamente dito nos dias que se seguiram aos ataques, "hoje somos todos nova-iorquinos". O mesmo poderia ser dito em relação a outros lugares, é claro. Havia um forte sentimento de solidariedade, não importa qual fosse a posição com a qual a pessoa se identificava. A única coisa que se pode dizer é que aquele não foi um tempo de apatia. No entanto, apesar das óbvias dificuldades, estou convencido de que ele poderia ser também um tempo de grande oportunidade de transformação, se apenas conseguíssemos aproveitá-lo. Nosso planeta Terra é um *corpus mundi*, um organismo vivo constituído e mantido íntegro pelo conjunto das suas distintas partes. Se qualquer uma das partes for negligenciada, isso afetará o todo. O presente constitui um momento crucial no tempo para se reconhecer, respeitosamente, as diferenças e reavaliar as velhas hierarquias com uma atitude crítica, como um meio de se chegar a um novo e mais saudável equilíbrio. Isto não é apenas um "nobre objetivo": é uma questão de sobrevivência.

Lembremos um conselho de Carl Gustav Jung, o psiquiatra suíço que desenvolveu um sistema de idéias conhecido hoje como Psicologia Analítica ou Junguiana: ele enfatizava que mudanças no mundo macro devem necessariamente começar no interior do indivíduo. Tornando-nos mais cientes, mais conscientes no nível individual, estaremos contribuindo também para o incremento da percepção consciente no mundo. Os autores destes ensaios, ao refletir cada um a seu modo a respeito das implicações e significados desse momento histórico e de como ele nos afeta, o fazem na esperança de estimular outras pessoas a levar suas próprias reflexões um pouco mais longe. Ao mesmo tempo em que representam diferentes crenças religiosas, gerações e origens étnicas, uma característica comum a todos esses escritores é a de ser um analista junguiano, ou seja, um psicoterapeuta treinado na prática da psicologia que teve origem em Jung. Junto a essa mistura de indivíduos de diferentes culturas e regiões do mundo, acha-se incluído um amplo e variado leque de abordagens ao entendimento. Todavia, em tal mistura resulta óbvia a predominância de autores do sexo masculino, americano-europeus e judaico-cristãos; esperamos que indivíduos posicionados em outras perspectivas se sintam encorajados a dar suas próprias contribuições.

Há alguns anos, tive a sorte de manter uma estreita relação de amizade com um homem idoso que se sentia cada vez mais envolvido com a condição de nossa existência neste planeta. Durante o longo capítulo final da sua vida, ele encontrou um modo de ser ao mesmo tempo politicamente ativo e também uma espécie de "trovador da alma". Embora tivesse sido soldado nos tempos de guerra, sua posição fundamental era a de exaltar o papel do "feminino" na nossa existência, isto é, cultivar atitudes tradicionalmente associadas ao feminino existente em cada um de nós, tais como a habilidade para ouvir, sentir e assimilar: permitir ao "outro", que mora ao mesmo tempo em nós mesmos e no mundo exterior, ter o seu lugar e a sua voz. A ausência dessa habilidade de incluir e de mediar forças opostas constitui uma tendência unilateral, um monopólio, uma rigidez que no final das contas mostra-se fatal. Acredito que meu velho amigo estava certo em suas observações e preocupações, e que é nossa obrigação dar os passos apropriados. Já é tempo.

Se não quisermos destruir a nós mesmos por causa de um relacionamento inepto com o planeta e com todos aqueles com os quais compartilhamos esta casa, precisamos respeitar e pôr em prática um "funcionamento mais feminino do ego", de modo que o Tao, ou Self, possa seguir seu curso. Como dizia Jung, os indivíduos que conseguem controlar a tensão dos opostos no interior de si mesmos são aqueles cujos egos funcionam de maneira mais feminina, contrapondo-se ao ego masculino excessivamente desenvolvido e possibilitando a influência do Tao, do yin-yang. Seus egos permitem que as coisas aconteçam na psique, em contraste com os egos do mundo ocidental hodierno predominantemente dominados pelo masculino, os quais, em geral, tendem a interferir: ajudando, corrigindo, negando, não permitindo que o simples processo de crescimento psíquico aconteça na sua forma natural.[1]

Durante o período subseqüente ao 11/9, lembrei-me da história bela e verdadeira de um "fazedor de chuva", relatada pelo sinólogo e tradutor Richard Wilhelm no Clube de Psicologia, em Zurique, na década de 1920. Ela foi muitas vezes recontada por Jung nos momentos em que aparecia uma rigidez ou um bloqueio numa situação ou na atitude de alguém. Em poucas palavras, a história é a seguinte:

> Houve uma grande seca na terra (China) e ela já atingira proporções catastróficas: a população e os animais estavam perecendo. Todos os métodos conhecidos para se alcançar uma solução — religiosos, mágicos, supersticiosos— foram aplicados, e de nada serviram. Finalmente, os mais velhos não tiveram outra escolha a não ser chamar a última esperança, o "fazedor de chuva". Ele era um homem frágil e idoso que vivia numa distante província montanhosa. Ele pediu apenas uma pequena cabana num vale afastado, na qual pudesse se retirar durante três dias. No quarto dia, nuvens apareceram no céu e uma forte chuvarada acabou com a seca. Wilhelm ficou tão impressionado e assombrado que foi procurar o ancião para perguntar como tinha conseguido trazer a chuva. De início, o "fazedor de chuva" negou todo e qualquer mérito. Mas Wilhelm insistiu, perguntando o que tinha acontecido naqueles três dias. O "fazedor de chuva" então explicou que vinha de outra província, onde as energias estavam nas suas devidas proporções, em equilíbrio umas com as outras, em situação muito diversa daquela da terra assolada pela seca. Toda esta área estava fora do Tao, ele disse: tinha sentido isso desde que ali chegara. Precisou, portanto, se recolher no interior do seu próprio espaço e alcançar o seu próprio Tao, ou seja, o equilíbrio. Quando o conseguiu, a conseqüência natural foi a chuva voltar a cair sobre a terra.[2]

Essa história, contada por Richard Wilhelm e recontada por Jung e outros, provocou forte impacto em mim quando a ouvi pela primeira vez, e na presente situação considero relevante o ensinamento que ela encerra. Estaremos tentando abordar os atuais problemas globais de desequilíbrio desse mesmo modo? O "fazedor de chuva" conseguiu harmonizar o seu mundo e com isso influenciou o meio que o circundava, fazendo com que esse mundo também alcançasse o equilíbrio. As circunstâncias, hoje, são com certeza muito diferentes, e nós vivemos num outro tempo. Os fatores que contribuem para o nosso atual estado de desequilíbrio global são numerosos e complexos, entremeados de nossas histórias e estórias, na maioria das quais predomina o conflito e o sofrimento. Mas, da mesma forma que naquela antiga província chinesa, muitos de nós estão "fora de sincronia", ou harmonia, tanto em relação a nós mesmos quanto em relação ao meio circundante, e, como resultado, nosso mundo se encontra em terrível sofrimento. Ao trabalhar em nós mesmos, talvez não cheguemos a produzir algo tão tangível quanto fazer chover, mas podemos certamente contribuir para a harmonia geral do nosso meio circundante e, talvez, até mesmo produzir uma gota simbólica de chuva no momento oportuno. O mundo necessita de cada gota de chuva – e na devida proporção.

São múltiplas as razões que nos levam ao preconceito e à exploração, mas todas elas têm uma raiz comum: nosso sentido de equilíbrio foi, em muitos aspectos, perdido. Nós nos tornamos a tal ponto envolvidos com o "fazer" e com nosso desejo de controlar as coisas que nossas existências ficaram em boa medida destituídas de sentido. Em que acreditamos hoje? O que aparece, sem sequer causar surpresa, é a ausência de fé no mundo atual, a ausência de confiança. Há uma longa estrada a ser percorrida; uma condição *sine qua non* para que a jornada aconteça seria o respeito generalizado para com as realidades aparentemente irreconciliáveis que afinal pertencem, todas elas, a uma única e mesma efêmera força de vida.

ROBERT HINSHAW

Editor, Daimon Verlag
Einsiedeln, Suíça, setembro de 2002

manhã de setembro

Os Dois Lados do Atlântico

Luigi Zoja

O século XXI *será religioso ou não existirá.*
ANDRÉ MALRAUX

Os deuses certa vez morreram de rir!
Isso aconteceu quando a mais ímpia das frases foi pronunciada por um deles: "Existe um só Deus!"
FRIEDRICH NIETZSCHE

Sou um analista europeu residente nos EUA. Adaptando-me ao lugar onde moro, quebrarei uma regra da tradição italiana e algumas vezes falarei na primeira pessoa para expressar com mais exatidão meus pensamentos e sentimentos, como é costume nos EUA. Sob a urgência dos acontecimentos de 11 de setembro, deixarei de lado algumas convenções e tentarei exprimir minhas reflexões em termos psicológicos, mas sem fugir de outros campos.[*] Minha intenção é promover –tanto

[*] As principais idéias aqui expostas foram apresentadas na mesa-redonda *Don't widen the Atlantic* ("Não alarguem o Atlântico"), promovida pelo Instituto Cultural Italiano de Nova York sob a direção de Paolo Riani.

quanto possível para um analista– um diálogo entre colegas europeus e americanos e maior atenção para este grande desconhecido: o mundo islâmico.

Para que o Ocidente discuta o Islã, precisamos antes de tudo discutir o que entendemos por Ocidente. Talvez devamos fazer uma distinção entre Ocidente e Ocidente americano. Conhecendo os dois lados do Atlântico, sinto que a unidade da palavra "Ocidente" é hipócrita, falsa. É uma máscara frágil. Tentei várias vezes expressar aos meus colegas norte-americanos certas coisas que os europeus vêem, mas não dizem, quando falam com eles. Os europeus estão mais rigidamente apegados a velhos códigos de cortesia que tornam difícil a crítica do interlocutor ou, pelo menos, a crítica direta. Além dos códigos culturais, os europeus são mais "velhos", mais cansados e céticos e, portanto, mais inclinados a pensar que a energia empregada em confrontos e oposições de idéias é um desperdício. Acredito, ao contrário, que essa atitude européia é um desperdício. Muitas coisas podem ser criticadas nos norte-americanos, mas não sua disponibilidade para ouvir, dialogar e trocar opiniões assim que lhes é mostrado que um novo ponto de vista merece consideração.

A "justiça divina"

Para muitos de nós, a passagem do século XX para o XXI significou a entrada definitiva na "era da *hybris*", a Idade da Arrogância, na qual a atitude que os antigos gregos chamavam de *hybris* ultrapassou todos os limites. Paradoxalmente, essa arrogância irracional é resultado dos valores laicos e racionais que dominaram o século XX. Na percepção de Nietzsche (mais tarde compartilhada por Freud, Jung e outros), a passagem do século XXI para o século XX assistiu à "morte de Deus". No século XX a cultura ocidental tornou-se secular e racional. Eis a ironia trágica de combinar-se a arrogância com a razão laica: o homem substituiu Deus como autoridade última – do ponto de vista psicológico, o homem introjetou a onipotência que antes esperava de Deus.

Nossa modernidade –ou pós-modernidade– não se caracteriza pela ausência de Deus, mas por ter substituído Deus pelo ser humano divinizado. Observamos, por exemplo, que o homem usurpa o poder de

Deus sempre que a biologia e a medicina manipulam a vida ou quando a geriatria tenta abolir os limites impostos pelo tempo.

É possível eliminar Deus enquanto conceito abstrato, declarando-O morto. Mas não podemos eliminar Sua função psicológica de limite supremo e juiz supremo das nossas ações.[1] No mundo clássico havia um respeito religioso pelos limites. Os deuses puniam quem desejasse ser desmesuradamente feliz ou poderoso, isto é, quem pretendesse ser igual a um deus. (Tratei desse tema no livro *História da Arrogância: Psicologia e Limites do Desenvolvimento Humano.*) No antigo modelo mítico, a *hybris* é inseparável da *nêmesis*. É característico das histórias de *hybris* e *nêmesis* que a arrogância humana seja punida por seus próprios excessos e não por um adversário. Segundo Heródoto (*Histórias*, Livros VI e VII), a tentativa persa de invadir a Grécia fracassou não pela reação militar dos gregos, mas pelas ambições ilimitadas dos reis da Pérsia: sua frota não conseguiu encontrar um porto suficientemente grande para abrigá-la, o tamanho gigantesco de seu exército impediu as manobras e dificultou o abastecimento.

Quando a história do Ocidente disparou em busca do progresso, do crescimento e da onipotência, nosso mundo esqueceu os limites. Os limites, contudo, não desapareceram apenas por terem sido esquecidos. Como acontece com todos os mitos e todos os princípios religiosos, o respeito pelos limites, inerente a toda cultura humana, foi reprimido e tornado inconsciente, mas não abolido. Os fatores que limitam automática e autonomamente nossa ação continuam agindo, mas sem que nossa consciência os perceba.

Cedo ou tarde, porém, os limites voltam à nossa mente — em duas formas.

Em primeiro lugar, nós os reencontramos naquelas histórias em que a *hybris* é punida. Há décadas multidões lotam os cinemas para assistir a filmes "catástrofe" ou espetáculos que contam como a arrogância da tecnologia destrói seus criadores: de *Frankenstein* a *Exterminador do Futuro*, de *Titanic* a *Parque dos Dinossauros*.

Em segundo lugar, os estudos científicos sobre as condições do planeta continuam a nos alertar sobre os perigos acumulados pelos avanços tecnológicos. Sabemos que nosso consumo excessivo destrói o meio ambiente, devasta os recursos naturais, aumenta a temperatura terrestre, modifica o clima, leva ao desaparecimento de espécies vegetais e animais, transforma florestas em desertos. Essas previsões científicas reproduzem o modelo arcaico da *nêmesis*, a mítica punição da avidez e da arrogância humanas. Sabemos que no meio século compreendido entre 1950 e 2000 a humanidade consumiu mais recursos do que em toda a sua história, desde as origens até 1950. A população cresce; o consumo, porém, cresce ainda mais rapidamente e cai em perversões que contradizem seu objetivo básico. A expectativa arrogante de que o progresso dos transportes permitiria a todos ir a qualquer lugar, a qualquer momento, acabou desaguando na paralisia do trânsito. As cotações da Bolsa e a economia em geral vivem sob o pesadelo de quedas desastrosas devidas ao excesso de otimismo que sustentou sua expansão.

Tentemos resumir. O mito da "justiça divina" enquanto punição de nossos excessos está mais vivo do que nunca na psique coletiva. Nossos hábitos vorazes trazem conseqüências que continuamente ressuscitam os limites ao nosso redor — não importa se queremos tomar conhecimento desses limites ou não. A justiça divina, ainda que inconscientemente, continua a atrair a atenção tanto dos futurólogos quanto das massas que buscam entretenimento. A antiga história da justiça divina tem autonomia e "quer" a todo custo ser recontada. Além disso, o mito latente da punição reservada à arrogância (a *nêmesis* que pune a *hybris*) manifesta-se com força sobre-humana porque, depois da "morte de Deus", alguma coisa em nós continua a procurar uma autoridade superior, divina.

Nossa necessidade de limites e de justiça também acarreta riscos profundos. A nostalgia dos antigos limites deixa os indivíduos e a sociedade indefesos diante do fascínio aterrorizante de alguém que se pretenda "vingador divino". Muitos grupos desejam ser a mão de Deus que trará de novo sobre a Terra a justiça divina. Quando um desses grupos é possuído por algum mito "vingador", suas ações precisam assumir a dimensão imponente, o simbolismo e o caráter profundamente persuasivo dos atos divinos, se —como é lógico— o grupo quiser manter a coesão e conquistar novos membros para sua causa. Aqui está novamente o perigo: a identificação inconsciente com a justiça divina é tão arrogante e perigosa quanto a ilusão de onipotência que nos levou ao crescimento sem limites e nos fez acreditar que estávamos "acima do bem e do mal".

Vamos dar um passo adiante. O marxismo é o mais conhecido dos mitos modernos da *hybris* punida pela *nêmesis*, da justiça "natural" que refreia a avidez ilimitada. No Ocidente, esse mito foi uma presença constante durante mais de um século; na prática, porém, o marxismo fracassou. O comunismo morreu porque se mostrou ineficaz em uma economia moderna – e principalmente porque sua *profecia* falhou. O comunismo era acima de tudo uma fé. Como tal, podia ignorar os dados econômicos, mas não suas implicações religiosas. Karl Marx previu para o mundo industrializado um trágico e crescente empobrecimento das massas, roubadas sem trégua pelo capitalismo. Mas, no Ocidente, o enorme aumento da riqueza, aliado a medidas sociais, evitou e diluiu a luta de classes prevista por Marx. A crescente expansão, a prosperidade e o sucesso da classe média ocidental criaram uma situação aceitável, em vez das bases para a revolução. Criaram um torpor sufocante, desencantado e enfadonho, em vez da tensão messiânica.

Contudo, se o marxismo revelou-se inviável como sistema de governo, o mesmo não se pode dizer do *mito* marxista. A profecia de Marx previa uma separação crescente dos opostos – algo que até a psicologia analítica nos ensinou a temer. A distância crescente entre ricos e miseráveis teria significado a vitória da *hybris* dos poderosos. Nesse sentido, Marx profetizou aquilo que a filosofia grega e a psicologia analítica denominam "enantiodromia" e a política chama de "revolução": uma repentina reaproximação dos opostos e uma inversão da situação. Tanto o ponto de vista psicológico quanto o político vêem esse momento como o retorno de uma "justiça natural". Mas, em termos míticos, trata-se do retorno da *nêmesis*. Como dissemos, as bases para esse movimento nunca se realizaram na sociedade ocidental. O que está se aprofundando é a distância abissal entre ricos e pobres – mas não entre as classes sociais de um país e sim entre as "classes de países", em escala planetária.

Quando Marx ainda era menino, a renda per capita média do país mais rico (na época, a Grã-Bretanha) era aproximadamente três vezes maior do que a renda média dos países mais pobres (Índia, China). Em 1900, a Grã-Bretanha continuava no topo, mas a diferença entre ela e os países do fim da lista (Egito e outros) se multiplicara por nove. Em 2000, as estatísticas mostram dados infinitamente mais exatos e também infinitamente mais trágicos: a renda média mais alta (Suíça e Japão) é 500-600 vezes superior à de Moçambique (ou seja, mais de US$ 40.000/ano contra menos de US$ 80/ano).

A primeira parte da profecia marxista parece estar se realizando, mas em um campo do qual Marx não se ocupou. Massas continentais, infinitamente mais numerosas do que ele imaginou, pouco têm a perder além de uma vida de fome e doenças. O Mediterrâneo, raiz histórica da prosperidade do Ocidente, observa a chegada da sua *nêmesis*. Os danados da Terra acotovelam-se na balsa do desespero, sem combustível nem motor, tentando alcançar as costas européias. Ao amanhecer, a única tarefa da Guarda Costeira é recolher das praias turísticas o lixo humano — cadáveres anônimos, vítimas da globalização.

Esses migrantes deixaram países onde a modernidade penetrou sob a forma de objetos, mas não de cultura; países onde a presença radical da religião envolve todos os aspectos da vida, tal como ocorria na Idade Média européia.

O domínio religioso sobre a cultura é particularmente característico dos povos que consideram sua religião como a herança mais radical de Maomé. Semelhantes nisso aos judeus —a quem estão historicamente ligados e com os quais permanecem unidos por meio das projeções da Sombra—, os muçulmanos que buscam refúgio na Europa conseguem viver sem Estado, mas não sem tradições religiosas nem o sistema social que delas deriva. Isto é, não conseguem viver sem a religião no sentido mais original da palavra: aquilo que liga (do latim *religare*).

Vendo a efígie do imperador na moeda, Cristo disse: "Dai a César o que é de César e a Deus o que é de Deus" (Mateus 22:17-22 e Lucas 20:26). Para o cristão, devem-se a César e a Deus obediências distintas. No mito fundador do Islã falta algo comparável a essa separação de poderes. A moeda da tradição islâmica traz *somente* o Divino, sem o Estado. Isso não constituiu problema para o Ocidente enquanto se tratava apenas de assinar contratos rentáveis para fornecimento de petróleo e receber apoio na guerra contra o comunismo.

As populações que se reconhecem nessa religião *não* passaram por uma revolução cultural que levasse gradualmente à modernidade, como a Renascença e o Iluminismo. Sua fé na profecia permaneceu literal. Acaso é de surpreender que eles estejam prontos a aceitar profetas que lhes prometem a volta do entusiasmo, da dignidade e do sentido da vida? Que lhes prometem transformar uma vida sem sentido em um nobre sacrifício, em um martírio? A Al-Qaeda teve a capacidade psicológica de transformar a autodestruição sem sentido em algo sagrado ("sacri-fício"), isto é, em um instrumento divino. Por que passar a vida esperando encontrar o sentido, se o sentido pode *explodir instantaneamente* – junto com sua vida? Não nos deixemos enganar pelo fato de alguns terroristas terem vivido seus últimos anos como pacíficos burgueses no sul dos EUA ou no norte da Alemanha. Se quisermos ver o problema de um ângulo psicológico, devemos –como na análise– voltar nossa atenção para uma fase muito anterior, para os anos de infância deles: qual mito do "renascimento através do sacrifício" lhes nutriu a alma enquanto o leite materno ainda lhes alimentava o corpo? Se, como o mundo acabou de ver na televisão, garotos de oito ou nove anos já *são treinados* para ataques suicidas, então a doutrinação dos futuros terroristas para a morte sagrada deve ter começado muito mais cedo. E nós, observando uma coisa dessas, pensamos em uma resposta militar ou em uma resposta cultural e psicológica? Se a resposta, como parece, for a militar, então nós –os civis ocidentais– deveremos estar prontos para matar muitos garotinhos, rapidamente, antes que se tornem adultos. Talvez já tenhamos começado a fazê-lo.

Avancemos mais um passo. Por razões muito complexas (que pertencem ao mesmo tempo à cultura, à história, à economia, à religião e assim por diante), países inteiros –e grandes massas em outros países– vêem hoje os EUA como símbolo da arrogância planetária e atribuem a esse país a responsabilidade pela *hybris* de todo o mundo moderno.

Essas massas acreditam que a política dos EUA segue um plano de longo prazo: proporcionar aos próprios cidadãos o nível de vida mais elevado do mundo –o *american way of life*– à custa dos outros países. (Note-se que a expressão *american way of life* tornou-se obsoleta. No século XXI o *way of life* é determinado em escala global pela economia global. Não se subdivide em estilos de vida nacionais ligados às economias nacionais. A economia global determina o montante geral dos níveis de vida possíveis e depois os divide, desigualmente, entre os países prósperos e as "vítimas" da desigualdade planetária. Essa perspectiva corresponde, em certos aspectos, à visão marxista da "luta de classes" transferida para o plano das relações internacionais.)

Contudo, a desconfiança em relação aos EUA vai muito mais além. O país é censurado não apenas pela exploração econômica, mas também pela tentativa intencional de corromper, com seu exemplo, as culturas não-ocidentais, impondo-lhes como único modelo o estilo de vida norte-americano, ávido, materialista e depravado (o mito do "Grande Satã", projeção persecutória "totalitária" da Sombra em escala planetária).

Tendo como objetivo uma moralidade nova, laica e humanista, em 1776 os Pais da Pátria incluíram "a busca da felicidade" na histórica Declaração da Independência dos Estados Unidos da América. Hoje, aquela proclamação precoce de intenções é percebida pelos inimigos dos EUA como uma "vocação genética" para o hedonismo, em detrimento dos valores espirituais. É percebida como a afirmação arquetípica do excesso de materialismo e avidez que parece marcar cada vez mais a sociedade norte-americana.

Basta olhar certas estatísticas para compreender por que os EUA são vistos como símbolo da *hybris*: com menos de 5% da população mundial, consomem mais de 30% dos recursos da Terra. Mais difícil é entender porque os EUA deveriam ser responsáveis pela "revolução hedonista" que triunfou em todo o Ocidente (e que triunfa também em outros países, não apenas nos que enriquecem). Nesse sentido, os EUA foram precedidos pela Inglaterra da Revolução Industrial, que por sua vez havia seguido o caminho da França do Iluminismo, a qual surgiu no rastro da Itália da Renascença. Esta última também deve muito ao florescimento da Idade Média árabe — e assim fechamos um interessante ciclo histórico.

Vamos agora tentar compreender, psicologicamente, por que a *hybris*, a arrogância, é uma característica que se acredita concentrada nos EUA. Um primeiro motivo seria a inveja. Claro, a inveja sempre desempenha um papel nas relações entre os homens, quando seu poder e riqueza são tão diversos. Contudo, não podemos nos limitar a uma explicação tão genérica. Talvez existam razões mais precisas e historicamente condicionadas, variáveis de um país a outro.

Revelando pela primeira vez uma extraordinária superioridade militar –que continua ininterrupta até hoje–, no período de 1846-48 os EUA conquistaram e incorporaram metade do México. Aquele punhado de ex-colônias inglesas, que conquistara sua independência apenas setenta anos antes, ocupou com seus soldados um subcontinente inteiro e acabou anexando um território quase do tamanho da Europa ocidental de hoje. A esmagadora superioridade militar dos EUA, ininterrupta durante quase dois séculos, raramente levou a conseqüências tão extremas. O fato é que não existem na história humana outros exemplos de poderio imperialista tão pouco utilizado para conquistas militares duradouras.

Contudo, o choque histórico provocado por aquela guerra penetrou profundamente na identidade mexicana e a ferida está longe de cicatrizar. A identidade do México ainda se define no sentido negativo, como país "esmagado pelo peso do vizinho". Isso corresponde à idéia inconsciente de que o Norte não está "acima" apenas por uma convenção geográfica: a cartografia parece fazer a mesma coisa com a História e com a força da gravidade. Quem está em cima pesa sobre quem está embaixo. Do México, essa estratificação imaginária penetra no resto da América Latina. A única mudança notável talvez esteja em que, no decorrer do último século e meio, a "síndrome de vítima" nos confrontos com o vizinho do Norte transformou-se de militar em econômica.

Por outro lado, o antagonismo visceral aos EUA geralmente tem mais a ver com razões culturais e psicológicas do que com uma oposição econômica ou militar. Por exemplo, embora a Itália e os EUA não tenham fronteiras comuns e os intercâmbios comerciais fossem menores na primeira metade do século XX, o antiamericanismo era um dos pilares da propaganda fascista nas décadas de 1920-30. Argumentou-se, não sem fundamento, que uma linha genética contínua une a propaganda fascista aos tempos recentes e que o antiamericanismo do Partido Comunista Italiano foi uma de suas expressões mais visíveis, embora não a única.

Devemos observar o fim da Guerra Fria e o colapso do comunismo soviético para entender a explosão do antiamericanismo em escala planetária. Uma das polaridades que governaram a psique coletiva nos tempos da Guerra Fria repentinamente deixava de existir. Para não se desestabilizar, a psique coletiva precisou ativar uma nova polaridade.

Com mais de um bilhão de fiéis cada, o Islã e a Igreja Católica constituem as duas maiores religiões do planeta. Até a queda do Muro, tanto uma quanto outra evitavam dirigir críticas demasiado fortes aos EUA. Estavam tacitamente unidas aos EUA na luta contra o comunismo. Mas, a partir dos anos 90, essas duas religiões começaram a lançar críticas cada vez mais intensas ao *american way of life*, por seu excesso de materialismo, atribuindo-lhe a falta de espiritualidade do mundo de hoje.

Certo, não se pode dizer que todos os acontecimentos são apenas psicológicos nem que os acontecimentos psicológicos são apenas inconscientes. Os líderes dos países muçulmanos pobres e/ou instáveis, afetados por múltiplos problemas internos, por um funcionamento democrático duvidoso e por relutante apoio da população, freqüentemente acham conveniente recorrer ao antiamericanismo.

A crítica aos EUA, porém, é algo bem mais complexo. A "conspiração capitalista", denunciada pela propaganda comunista, focalizava apenas a miséria econômica das massas, e não sua miséria cultural. Como poderia convencer o Terceiro Mundo (em muitos aspectos deixado desde sempre na pobreza em que vive hoje) a ver os EUA como responsáveis por sua miséria econômica? Se o adolescente começar a usar jeans, comer no McDonald's, beber álcool, entregar-se à promiscuidade sexual e/ou demonstrar vergonha de sua identidade étnica, seus pais verão os EUA como os assassinos implacáveis de sua cultura: nenhum soldado norte-americano matou seu filho, mas Hollywood está pouco a pouco matando seus modelos, sua família e seus antepassados. Na árvore genealógica, pode-se substituir uma nova geração, não as anteriores; pode-se substituir os ramos, não as raízes. Essas massas —sobretudo no mundo islâmico— sentem-se pobres em termos econômicos, mas não em termos culturais. Elas percebem que a prosperidade econômica pode ser alcançada ou reconstruída em um período de tempo relativamente curto (basta pensar na Coréia do Sul ou na Alemanha Ocidental do pós-guerra). Mas uma identidade cultural, quando se perde, está perdida para sempre (basta pensar nas culturas nativas de quase todos os continentes).

Comparar os EUA a Satã, como fazem alguns líderes islâmicos, tem a vantagem de explicar tanto a humilhação econômica quanto a cultural. O triunfo da *hybris* –da avidez e arrogância– é visto na globalização; e a globalização é vista como uma "americanização" econômica e cultural do mundo. Logo, quem se opõe à globalização está praticando certa dose de antiamericanismo.

Essa tendência não se limita às camadas mais incultas da população. Ao contrário, no Ocidente ela é encontrada em qualquer classe social, inclusive nas mais elevadas (mesmo dentro dos EUA). Apenas dois meses antes do 11 de setembro, a edição do influente *Le Monde Diplomatique* descrevia a última década –última do século XX e primeira desta nova era sem o adversário comunista– como um período que, na visão de muitos políticos norte-americanos, foi o ensaio geral para o "segundo século americano".

Do ponto de vista psicológico, a forte maré do antiamericanismo dispõe de dois grandes aliados: o uso sutilmente manipulador que alguns líderes políticos fazem das massas invejosas e as muitas atitudes antipsicológicas assumidas pelo governo americano. "Americano"? Por que se fala de "governo *americano*"? Por que se usa esse adjetivo? Nossos ouvidos percebem que esse termo ofende o resto do continente "americano". Do Rio Grande à Terra do Fogo o resmungo se repete: "Até do nome do continente eles se apropriaram. Que belo símbolo da avidez deles e de seu desejo de nos reduzir a colônias!"

O código de expressão latino-americano é diferente daquele do vizinho do Norte e preocupa-se constantemente em não ofender o interlocutor. Poucas vezes o protesto é feito às claras, mas não faltam exemplos bem conhecidos, como *As Veias Abertas da América Latina*, de Eduardo Galeano. Todos conhecem essa reivindicação, até os distantes europeus, que ficam surpresos e voltam a abrir as páginas dos Pais da Pátria para encontrar as raízes, o arquétipo desse país tão difícil de definir: seu verdadeiro nome. Descobrem que o nome oficial dado pelos Fundadores era simples: Estados Unidos (da América). Quando e como, então, ocorreu esse deslize, esse "lapso continental"? E como é possível que hoje –quando cada palavra oficial da política norte-americana é medida pela ótica do "politicamente correto"– ninguém se disponha a refletir sobre esse problema? Para enfrentar a hostilidade de muitos outros países, o governo dos EUA derrama oceanos de dólares na chamada *intelligence*. Por que não organiza um debate, um congresso ou uma simples mesa-redonda sobre esse tema tão importante? Um tema que não exige rios de *intelligence*, mas apenas bom senso.

O 11 de setembro

Em 11 de setembro de 2001, não foram seqüestrados *apenas* quatro aviões de carreira. Em 11 de setembro foi seqüestrada a nossa imaginação. Ela foi raptada, levada à força, arrancada de suas raízes e violentamente lançada no passado, em uma dimensão não histórica, arcaica. Roubaram-nos o calendário. Acreditávamos ter entrado no Terceiro Milênio da era cristã; encontramo-nos entre as mandíbulas dos tempos arcaicos e dos pesadelos arquetípicos. Acreditávamos viver em uma era racional e laica; descobrimos que voltamos a viver o mito. O mito não nos foi imposto somente pelo mundo exterior. Voltamos também a pensar miticamente, embora sem termos feito uma escolha consciente.

Nem Hitler e Stálin conseguiram obter um efeito comparável. Eles tampouco sonharam ser capazes disso. As guerras (quentes e frias) foram trágicas e mortíferas: um desperdício imenso de criatividade humana, transformada em luta mortal e em destruição. Contudo, os tempos eram ainda os nossos tempos modernos. Em alguns momentos, Hitler e Stálin comportaram-se como profetas, mas, para o Ocidente, eles permaneceram essencialmente adversários políticos.

Osama bin Laden, ao contrário, fala sempre e apenas em nome da (sua idéia pessoal de) Justiça Divina. E como ele foi capaz de contaminar aquilo que chamamos de inconsciente coletivo, também dois pregadores americanos (Pat Robertson e Jerry Falwell, ambos capazes de mobilizar multidões) proclamaram ver uma mão divina nos acontecimentos do 11/9. Uma *nêmesis*, um castigo do céu para uma sociedade demasiado materialista, demasiado voltada à sexualidade, ao homossexualismo e assim por diante. Até certo ponto, é interessante saber que a maior parte da opinião pública norte-americana rejeitou essa idéia. O simples fato de terem levado o debate para um plano teológico já é uma vitória para os fundamentalistas, de qualquer denominação, e uma prova de que o calendário moderno nos foi roubado. O medo e o pesadelo sempre procuram uma causa. O tempo passa, mas nas calçadas de Nova York patrulhas de jovens continuam a entregar folhetos que oferecem respostas: entre na internet, digite www//.(...).com e você saberá por que Deus permitiu o 11 de setembro.

Entre os pacientes, multiplicaram-se sonhos que ecoam catástrofes semelhantes à das Torres Gêmeas e atribuem uma espécie de onipotência demoníaca a Osama bin Laden. Essas imagens se tornaram recorrentes em pessoas que antes tinham apenas pesadelos ocasionais.

Quando a Associated Press divulgou uma foto das nuvens de fumaça saindo das Torres Gêmeas, muitos viram ali o *perfil* de Osama bin Laden. Como os santos, madonas e profetas dos séculos passados e dos lugares mais remotos, uma imagem divina fazia a sua aparição no Terceiro Milênio e no mais moderno de todos os céus: o céu de Manhattan.

O mesmo profeta da destruição apareceu também no altar doméstico, a tela da televisão, centro dos muitos ritos e cultos de nosso cotidiano. A voz de Bin Laden, proclamando falar em nome do Deus Onipotente, declarou que os norte-americanos e seus aliados não viveriam mais um só dia de serenidade. Como toda voz divina, ela não se dirigiu aos nossos ouvidos, mas diretamente ao nosso inconsciente, procurando evitar qualquer filtro, qualquer mediação da racionalidade e da consciência. De forma inesperada, atingiu seu objetivo. No período subseqüente ao 11/9, apesar das garantias diárias e aparentemente bem documentadas, muitos norte-americanos e mesmo europeus e outros povos do mundo sentiram-se vítimas de um ataque psicológico mais indefinível e profundo que o atentado físico. A voz profetizara que a vida cairia na insegurança. A voz manteve sua promessa.

Foi dito que o terrorismo se tornara global. Mas essa afirmação é limitada pelo fato de prestarmos atenção sobretudo à realidade exterior.(*)

(*) Poucos meses depois do 11 de setembro, a "novidade" tornou-se uma banalidade. Na seção internacional do *New York Times* de 28 de junho de 2002, o artigo de R.M. Frank começa assim: "Um juiz canadense ordenou a extradição de um imigrante argelino para a Holanda, onde as autoridades o incriminaram por um complô para explodir a embaixada dos EUA em Paris." Cinco nações diferentes foram mencionadas em duas linhas.

Já com o movimento anarquista, o terrorismo tendia a ultrapassar todos os limites. A verdadeira descoberta é que se tornaram globais muitos pesadelos e muitas fantasias paranóicas. E se a globalização da psicopatologia é verdadeira, isso significa que —pelo menos sob esse aspecto— a psique individual tende a regredir para uma psicologia coletiva uniforme, planetária. Uma parte do nosso funcionamento mental pessoal e cotidiano deixa-se contaminar, perigosamente, pelas camadas mais profundas e arquetípicas do inconsciente.

As fantasias delirantes nascidas no nosso mundo interior costumam ser reconhecidas como construções simbólicas do inconsciente, que não devem ser tomadas ao pé da letra. Mas de súbito, com o 11/9, muitas fantasias delirantes encontraram correspondência em uma realidade externa igualmente "delirante". O resultado, perturbador em qualquer caso, é que perdemos a confiança no nosso funcionamento psíquico — nossa percepção da realidade.

Por meio de processos de autocrítica, seja pessoais ou históricos, tínhamos compreendido que o racismo era uma projeção externa das fantasias persecutórias do mundo interior. De repente, a fantasia persecutória está de novo "lá fora". Uma mente normal, em relação normal com o mundo exterior, pode ser contaminada pelos fantasmas que o habitam; e, pela primeira vez, muitos intuíram realmente o que é a experiência da psicose. Eis uma conseqüência política dessa proximidade repentina com a psicopatologia: a realidade externa legitima o reaparecimento em escala global de uma nova forma de anti-semitismo — o antiarabismo. Outra conseqüência, altamente visível, está na dificuldade encontrada pelas autoridades norte-americanas em tranqüilizar os próprios cidadãos. As mensagens recomendam a máxima vigilância, porque o inimigo e o perigo mortal poderão atingir a casa ou o supermercado, do céu, da terra ou pelo correio; mas, depois de ter tocado o alarme, a mesma voz oficial e a mesma mensagem recomendam que a população mantenha a calma, confie nas autoridades e toque a vida sem grandes mudanças. Uma bela contradição, que dá trabalho aos chargistas políticos.[2] Mas também os psiquiatras são chamados a trabalhar, porque encontraram situações semelhantes nos manuais de psicopatologia. As mensagens contraditórias, alusivas e persecutórias que tradicionalmente caracterizam a paranóia reaparecem, de súbito, como sendo a maneira mais adequada de descrever a realidade.

Jung afirmou que a experiência do divino e a do nosso inconsciente são aparentadas. Se concordarmos com ele que a religião não é apenas uma defesa contra a insegurança, realizada pela idealização e divinização da lembrança dos pais conservada em nós desde a infância, mas um resultado da história humana em sua luta para emancipar-se do inconsciente e mantê-lo sob controle; se, enfim, a reconstrução filogenética das origens da religiosidade (proposta por Jung) nos satisfaz mais do que a ontogenética (de Freud), então devemos reconhecer que, com o 11 de setembro, uma parte da sociedade ocidental regrediu para uma experiência religiosa arcaica. Algumas emoções fortes são "religiosas" no sentido de nos ligarem (do latim *religare*) àquelas imagens arquetípicas, primordiais, do bem e do mal, a partir das quais as religiões históricas evoluíram.

Foi observado –por Jung, entre outros– que o cristianismo, no decorrer da História, voltou suas raízes hebraicas para uma direção cada vez mais positiva. Em sua desesperada luta contra o mal, essa "heresia judaica" chamada cristianismo chegou a representar uma forma extremada de monoteísmo, no qual a face terrível de Deus, que povoa o Antigo Testamento, tende a desaparecer em favor do bem.

Nesse sentido, o renascimento da religiosidade judaica depois da *shoah* (o Holocausto) não indica apenas a recuperação da identidade nacional. É também um esforço na direção de um equilíbrio psíquico mais completo. O judaísmo tradicional mantinha contato com a face terrível de Deus, isto é, com a experiência do *tremendum*. Se a pessoa perde a fé na existência do *tremendum*, fica menos preparada para defender-se do mal absoluto, como a "solução final" dos nazistas; ou melhor, menos preparada para acreditar que o mal absoluto possa existir.

Do mesmo modo, a inclinação "positiva" do cristianismo estava predestinada a desaguar na filosofia e ideologia positivistas predominantes no Ocidente e, particularmente, nos EUA (o "Ocidente do Ocidente"). Do ponto de vista das concepções, a ciência e a tecnologia são as manifestações lógicas e mais modernas da "ideologia do bem" preferida pelo cristianismo. O cristianismo acredita na criação e tende a se desinteressar pela destruição. Acredita no bem com menos hesitação do que no mal. Na sua heresia laica (o marxismo) que dominou a Europa Oriental, a continuação dessa ideologia do bem tentou transformar a política na ciência da "sociedade que aboliu o mal". Fracassou. Mas seu fracasso não fez mais do que reforçar o otimismo unilateral de sua versão ocidental. A sociedade capitalista norte-americana expressou com renovado vigor a fé no progresso tecnológico e econômico. E durante toda uma década, muitos fatos pareciam dar-lhe razão.

Em meu livro *Coltivare l'Anima*, escrevi que a "mão direita" dessa sociedade —a indústria de Hollywood— terminou colocando à disposição das massas um mundo de imagens e mitos que aboliu a profundidade trágica. Hollywood contribuiu para a criação de heróis inaturais e sem ambivalência, tranqüilizantes imaginários para as massas. O que nos interessa observar aqui é que, através dessa gradual educação para o otimismo, os EUA e todo o Ocidente revelaram-se particularmente despreparados e frágeis diante da experiência da destrutividade. Esse talvez seja um dos motivos pelos quais muitas vozes oficiais do Ocidente, depois dos acontecimentos do 11/9, falaram do "mal" com uma surpreendente falta de psicologia.

Por princípio, os analistas são mais atentos quando refletem sobre os aspectos psicológicos do mal. Sempre ajudaram os pacientes a se defender de pesadelos e idéias paranóicas. Mas, de repente, esse trabalho gradual parece retroceder. Diante de um mal que desce do céu e não é uma fantasia, o analista se pergunta: "É possível que a minha voz racional se enganasse e que as vozes do pesadelo e da paranóia tivessem razão? Ouvi-as suficientemente? Enganei-me ao considerá-las expressões simbólicas? Deveria tomá-las mais ao pé da letra?"

Todo o Ocidente experimentou, com o 11 de setembro, um majestoso "retorno do reprimido". Se o descrevermos como experiência religiosa, é claro que não estaremos falando de uma experiência consciente nem de uma religião institucionalizada. Uns contarão sua experiência psíquica daquele dia como algum tipo de superstição, procurando depreciá-la com o sarcasmo; outros a descreverão como um estado de ansiedade irracional, defendendo-se dele com termos tomados de empréstimo aos compêndios de psiquiatria. Mas trata-se de explicações abrangentes ou de explicações redutoras? São descrições de uma experiência profunda ou da autodefesa diante dela? Caso sejam mecanismos de defesa, então demos realmente a vitória ao mal e nos movimentamos no interior das condições por ele impostas.

Nossa sociedade encontra cada vez menos a face sombria de Deus. Quando foi obrigada a confrontá-la –no nazismo e no stalinismo, por exemplo–, procurou negá-la enquanto experiência psíquica humana e relegá-la aos capítulos em que a psicopatologia assume aspectos coletivos. Mas em 11 de setembro todos viram um "Deus da Ira", uma divindade destruidora que descia à Terra no momento e no local mais inesperados.

Os autores do atentado a Nova York e Washington podem ter sofrido privações desconhecidas dos ocidentais, mas não esta: a imaginação deles estava preparada para conceber a destrutividade pura. Tinham uma vantagem ideológica, religiosa e sobretudo psicológica: estavam mais familiarizados com o lado sombrio da vida psíquica.

Essa "justiça divina" revelou, em quem a expressava, a existência de uma moderna heresia fundamentalista. Deixemos que um debate de especialistas decida se eles são verdadeiros muçulmanos ou não. A nós interessa outra coisa: o fato de que os autores do ataque possam ser descritos como sacerdotes de um novo gênero de monoteísmo radical –e radicalmente novo– que chamaremos de "atualismo".

Contradizendo os princípios interconectados da profecia e da redenção (que de vários modos ligam os três monoteísmos históricos e, em certo sentido, até o marxismo, com sua "redenção das massas"), os "atualistas" não podem esperar. A epifania da "justiça divina" deve ser *atual*: no duplo sentido de apresentar-se não como potencialidade, mas já como ato, e de surgir agora, na atualidade, no tempo presente. A missão de seus sacerdotes é ser as mãos de Deus, "agir" fazendo com que a vontade Dele se transforme em ato imediato. Eles repudiam o horizonte temporal –infinito e indefinido– da Justiça Divina, que conhecemos nas religiões tradicionais. A cólera vingativa de Deus deve ser visível aqui e agora. Os "atualistas" do Islã não se contentam em anunciar a vinda iminente de Deus, como fazem muitas seitas judaicas e cristãs: eles *são* o retorno de Deus, na Sua forma mais terrível.

Não podemos deixar de notar uma profunda contradição. Os "atualistas" se anunciam como combatentes pela restauração de um Islã puro e tradicional (islamização da modernidade em vez de modernização do Islã). Eles manifestam, contudo, uma inclinação modernista, até consumista. Aquilo que chamamos de "heresia atualista" do Islã parece ser conduzido por um impulso surpreendentemente semelhante ao que domina o odiado "Grande Satã". Como já disse Jung, se nos concentrarmos exclusivamente em nosso inimigo mortal (nossa sombra), seremos contaminados por ele e inconscientemente nos tornaremos semelhantes a ele. Sem dúvida, a sociedade norte-americana e a ocidental são obcecadas pela necessidade de produzir resultados rápidos e visíveis. Mas o fundamentalismo islâmico é ainda uma visão metafísica ou já se transformou, sem perceber, em um ensinamento que procura a todo custo vitórias concretas, visíveis e rápidas?

Como psicólogos, não devemos nos limitar ao exame dos acontecimentos externos, por mais impressionantes que sejam. De um ponto de vista interno, poderíamos afirmar que o Ocidente não sofreu apenas perda, luto e dor, mas que a nossa psique também *ganhou*, embora tragicamente, uma nova perspectiva?

Voltemos a uma das afirmações já aceitas pela psicologia analítica. As polaridades opostas devem ser mantidas unidas o máximo possível. Somente mantendo-as juntas em uma "sín-tese" assistiremos ao nascimento do "sím-bolo" que repõe em movimento aquilo que parece sem saída. O símbolo não é a simples soma de dois pólos: ele contém um terceiro elemento, novo, original. Se reprimirmos uma das polaridades de uma situação psíquica, teremos o desequilíbrio patológico. E isso não apenas no indivíduo, mas também no conjunto da sociedade.

Não é difícil dar exemplos. O masculino e o feminino são os dois pólos da figura humana. Na história do Ocidente, assistiu-se por muito tempo à repressão do feminino. Essa negação, de um lado, levou aos processos de caça às bruxas; de outro lado, aos excessos de agressividade e frieza racional que caracterizaram nossa história — a história de uma cultura unilateralmente masculina. Já falamos de outro exemplo: no desenvolvimento histórico do monoteísmo, a passagem do judaísmo ao cristianismo reprimiu grande parte do aspecto terrível de Deus. Isso criou uma cultura que, ingenuamente, esperava encontrar apenas o Bem. Um outro exemplo ainda: na modernidade euro-americana, a afirmação de um credo positivista (a crença de que todo passo adiante da ciência e da técnica levaria a um passo adiante na felicidade humana) levou à crença de que a ciência substituíra definitivamente a magia, o mito e todas as formas de "superstição". E substituíra também, pensou-se, a própria religião, a partir do momento em que, pela tecnologia, a humanidade acabou se revelando mais "criativa" do que qualquer Criador tradicional.

E não é esse um outro modo de descrever o antigo problema da *hybris*? Não equivale a dizer que a arrogância humana terminou mais uma vez triunfando? Que a consciência do pólo oposto —*nêmesis*— foi reprimida?

E não é instintivo pensar (pelo menos à primeira vista, porque a História e a sociedade são sempre muito mais complexas do que essas simplificações) que a *hybris* moderna esteja concentrada no Ocidente? E, dentro do Ocidente, nos EUA? E, dentro dos EUA, em Nova York?

Recordamos acima que, tradicionalmente, o mais típico dos castigos infligidos à *hybris* provém dos próprios instrumentos que ela emprega. Quase por lei natural, eles se voltam contra o próprio autor.

Die ich rief, die Geister, werde'ich nun nicht los. "Não posso mais controlar os espíritos que evoquei" – grita o Aprendiz de Feiticeiro, de Goethe.

Por todas essas razões, era muito fácil escolher os EUA e Nova York como objeto arquetípico de uma punição divina. E, em Nova York, as Torres Gêmeas. Nas escrituras sagradas, o Altíssimo é Deus, por definição. Apenas Deus tem essa qualidade. Somente a Deus é concedido o céu. Uma condenação ao crescimento em direção ao céu também é expressada por Heródoto (*Histórias*, VII, 10), quando fala do pensamento grego.

Em certo sentido, toda Nova York foi concebida como uma apropriação dessa qualidade divina, à qual o homem não deveria aspirar. Depois da "morte de Deus", porém, os céus ficaram vazios e tornaram-se um espaço disponível para a colonização humana – apesar das advertências dadas pelo mito da Torre de Babel desde os tempos arcaicos.

O poder científico e financeiro da modernidade. O culto da racionalidade. A desvalorização do lado afetivo e natural do ser humano. Toda a unilateralidade ocidental parece concentrar-se exatamente em Nova York. Mas como crescemos olhando para ela, isso tudo era invisível aos nossos olhos ocidentais – assim como o peixe, vivendo dentro d'água, não percebe que está molhado.

Para ter essa percepção seria necessário dispor de olhos pré-modernos. E para conceber a sua destruição violenta, era necessária uma mente ainda imbuída do lado sombrio de Deus e não uma mente unilateralmente otimista como a moderna.

O Ocidente volta-se para contemplar o ataque terrorista e se pergunta como pôde ter sido tão cego. Agora, tudo parece tão fácil de "ver". Realmente, faltava-nos uma imaginação destrutiva e trágica, mesmo vivendo todo dia em meio a espetáculos, principalmente cinematográficos, que se pretendem "apocalípticos". Nesse sentido, o ataque enriqueceu o nosso modo de pensar, a nossa capacidade imaginativa.

Foi suficiente sentar-se no mais moderno dos meios de transporte, o avião —na primeira classe ou na executiva, para ser ainda mais sarcástico— e virar aquele instrumento contra o "Grande Satã" que o inventou e construiu. Foi suficiente embarcar em um aeroporto dos EUA para mostrar que a crença na segurança dentro das fronteiras norte-americanas não passava de outra forma de *hybris*. No ventre desse Satã, os terroristas levam a cabo seus atos destrutivos com mais facilidade e mais impunidade. O menos moderno dos homens (poderia até ser um homem de Neanderthal com uma faca de pedra) senta-se na cabine de comando ao lado do homem mais moderno e tecnológico (o piloto de um jato) e o dobra à sua vontade.

É relativamente simples proclamar que a globalização é intrinsecamente perversa porque corresponde a uma americanização; que o poderio global dos EUA é arrogante; e que isso é facilmente provado voltando a *hybris* contra seu autor. A globalidade do poder da mídia norte-americana difundiu em todo o mundo as imagens da *nêmesis* que punia os EUA. A globalidade da mídia norte-americana distribuiu, à própria custa, essas imagens aos inimigos da "América", que havia muito as esperavam.

Mas o modo mais devastador com que o sucesso dos EUA voltou-se contra eles é ainda um outro. Os sucessos recentes da economia norte-americana espalharam pelo mundo os princípios da privatização e da economia de mercado. Ao setor privado é permitido (desde que se tenham os meios e se saiba administrá-los com eficiência) desenvolver atividades tradicionalmente reservadas à administração pública. Essa convicção inspirou a um árabe rico a idéia de formar seu exército particular e privatizar a guerra e a destruição: uma atividade que o Ocidente, desde o século XVII, acreditava ter reservado para sempre ao monopólio estatal.[3]

Foi dito que, nesta época de globalização, até o ataque suicida tornou-se global. Mas também nós, analistas, devemos ir mais adiante. A imprensa é rápida quando fala de "atentados suicidas". A definição está limitada a uma ótica ocidental, laica e individualista. Nós, ocidentais, nos interessamos sobretudo por nós mesmos. E a definição de "suicida" limita-se a indicar o autor de um atentado como uma pessoa que mata a si mesma. Devemos nos perguntar se uma perspectiva assim redutora não é responsável pelos limites da nossa imaginação e, portanto –indiretamente–, também pela falha na prevenção de um ataque que não éramos capazes de imaginar. Pela reconstrução de suas biografias, parece que nenhum dos atacantes corresponde àquilo que nossa psicopatologia define como "personalidade suicida". Ao contrário, uma religiosidade provavelmente fanática e uma desvalorização da vida física (tanto a própria quanto a dos outros) foram os pressupostos a partir dos quais desenvolveu-se o desejo de "sacri-fício": uma convicção não tanto de destruir, mas de transformar a vida espiritual em algo que se acredita sagrado. Também o conceito de martírio parece mais pertinente que o de "suicídio": um testemunho público (mártir, em grego, significa testemunha) de sua fé, decidida pessoalmente por eles, mas, ironicamente, difundida pelas redes de comunicações do inimigo.

As Torres Gêmeas, parece dizer-nos o terrorista que se identifica com a divina *nêmesis*, terminaram por desabar sob o próprio peso, matando um número inesperadamente alto de pessoas por causa de suas dimensões e de sua altura "arrogantes": prisões psíquicas, mas, naquele momento, também físicas, das quais é difícil fugir.

De súbito, e violentamente, os opostos se reuniram da maneira mais inesperada. As Torres que desafiavam o céu voltaram à terra. Assim indica também o nome assumido pelo local onde antes elas se erguiam: *Ground Zero* – Marco Zero. Depois da queda, apenas uma fina fachada ficou de pé, como uma máscara sem o ator, quase dizendo que o poderio da tecnologia moderna se reduz a uma frágil fachada. Numa terrificante proximidade, reuniram-se e se deram as mãos uma cidade "alta" e uma cidade "baixa" —acima e abaixo da 14ª Avenida, uma permaneceu senhora dos céus e outra impregnou-se do retorno à terra. Uma pertence ainda ao mundo da tecnologia. A outra ficou sem eletricidade, sem telefone, sem água, dobrada pelo homem de Neanderthal que empunhava o machado de pedra (ou o canivete, não importa), inspirado por um chefe registrado em vídeo na entrada de uma caverna de pedra. Duas cidades de mãos dadas: uma perfumada, vestindo Armani; a outra impregnada de poeira e do cheiro da carne humana queimada. Auschwitz ao lado de hotéis cinco estrelas.

Os opostos —o homem tecnológico e o homem pré-tecnológico— não se reuniram repentinamente apenas nessa cidade. Os mundos tecnológico e pré-tecnológico reuniram-se repentinamente no mundo global. De repente, a televisão do país mais rico enfiou seu olho indiscreto no Afeganistão, um dos países mais pobres da Terra. Repentinamente, a seção de meteorologia do *New York Times* ampliou-se e incluiu um país estrangeiro. Mas não o vizinho Canadá. Mapas coloridos mostraram, durante meses, as previsões do tempo nos EUA e no Afeganistão. Um ao lado do outro, como se o Afeganistão fosse não um Canadá, mas um estranho irmão escuro que o inconsciente trouxe repentinamente à luz. Um vizinho "diferente" e inesperado, vomitado de um outro continente e de um outro milênio.

Os opostos também se reuniram no caráter do prefeito de Nova York, Rudolph Giuliani, antes sempre descrito como personagem hábil, mas arrogante. Seria a *hybris* do prefeito que refletia a *hybris* da cidade? De repente, a imprensa que só o criticava começa a cobri-lo de elogios: Giuliani está enfrentando um câncer, um divórcio desastroso e, desde o 11 de setembro, também a poeira e o sofrimento do Marco Zero. Aquela personalidade antes onipotente parece ter integrado o senso do limite, a noção da precariedade da existência humana.

De um ponto de vista psicológico, os terroristas venceram o primeiro combate. Queriam amedrontar o Ocidente. Conseguiram. Queriam globalizar a intifada e o ataque dos "mártires islâmicos". Conseguiram. Se os países amedrontados reagirem como eles esperam, terão conseguido fazer ruir as possibilidades de paz, não apenas no Oriente Médio, mas em todo o mundo.

O Ocidente, porém, não perdeu somente a primeira partida. Como dissemos, talvez tenha ganhado consciência. A consciência de que nós, ocidentais, também não conseguimos substituir Deus. A consciência de também não somos criaturas sem limites. Redescobrimos tudo isso em nossas feridas e no nosso inconsciente.

Os terroristas, ao contrário, terminada a primeira e vitoriosa partida, poderiam perder consciência ao invés de ganhá-la. Eles levaram sua presença psicológica a toda parte. Arriscam ser possuídos por um senso de poderio excessivo. E, a partir do momento em que conquistaram a onipotência por meio da destrutividade, a destrutividade poderá se tornar onipotente. De um ponto de vista prático, eles se tornariam cegos e errariam os cálculos, como alguns chefes militares (Hitler, por exemplo, depois do êxito inesperado de sua guerra-relâmpago). Do ponto de vista psicológico, poderiam exagerar no recurso à violência, perdendo contato com seu sentido inicial: o contato com a religiosidade, em cujo nome — embora para nós perversamente— agiram. A experiência psíquica da violência tende a se reproduzir indefinidamente na vítima. É a isso que chamamos de experiência do trauma. Mas a experiência psíquica da violência também tende a se reproduzir indefinidamente em seu autor, se ele se deixa possuir pelo arquétipo e pelo mito correspondentes.

Tivemos a impressão de que os terroristas do 11 de setembro identificaram-se com uma "justiça divina" que se pretendia violência redentora, criadora de valores.[4] Mas trata-se de uma obsessão pessoal deles, não adequadamente inserida na sociedade, nas tradições e na época em que vivem. Assim, eles correm o risco de se autotraumatizar pela qualidade totalitária da sua violência. O paradoxo é que muitos deles se esquivam dessa contradição praticando o "martírio": e sua violência, exatamente por ser totalitária, destrói não apenas sua psique, mas também seus corpos.

Foi isso que aconteceu, por exemplo, com Macbeth. Depois que começou a matar, precisou continuar matando até chegar a ver a vida como "(...) uma história contada por um idiota, cheia de som e de fúria" (*Macbeth* V, 26-28). Se os terroristas seguirem o mesmo caminho dele, as conseqüências serão devastadoras. Pois, uma vez possuída pela violência, a vida de Macbeth tornou-se apenas "(...) uma história cheia de som e de fúria, que não significa nada".

O som e a fúria

Primeira página do *Le Monde Diplomatique*, primeira linha do artigo principal, assinado por I. Ramonet:

> *11 de setembro. Arrancados de sua missão normal por pilotos dispostos a correr qualquer risco, os aviões seguem para o coração da grande cidade, prontos para destruir os símbolos de um poder odiado. (...) Explosões (...) desmoronamentos.*

Não nos percamos em detalhes. O que realmente importa vem algumas linhas depois:

> *Nova York, 2001? Não, Santiago do Chile, 11 de setembro de 1973.*

Nem precisamos continuar. Já entendemos a mensagem. Entendemos a tese subjacente a esse e a outros artigos que enchem o número de outubro de 2001 do *Le Monde Diplomatique*, dedicado aos ataques terroristas contra os EUA. Em duas ocasiões, a primeira página repete: "Os EUA não são um país inocente."

A publicação mensal francesa quer lembrar a responsabilidade do governo norte-americano pelas origens violentas e ilegais de várias ditaduras e pelos crimes que depois pontuaram sua existência (a Cuba de Batista, o Chile de Pinochet, El Salvador de Duarte, a Nicarágua de Somoza, por exemplo). Seria uma resposta dos intelectuais europeus ao ataque contra aquela metade do Ocidente que se encontra do outro lado do Atlântico?

Quero definir o que entendo por "responsabilidade". A responsabilidade legal e moral é pessoal (Jaspers, por exemplo, distingue entre a responsabilidade moral e a responsabilidade metafísica dos alemães pela ditadura nazista[5]). Apenas no sentido político, filosófico ou histórico, uma responsabilidade pode ser estendida a uma classe social, a um país, a uma civilização. Nosso ponto de vista —o psicológico— começa com o indivíduo, mas, sobretudo em uma abordagem junguiana e neste contexto, pode ser estendido ao coletivo. Essa foi uma novidade introduzida durante o século XX para impedir que os crimes de guerra da Alemanha nazista permanecessem impunes. Contudo, a sua aplicação é limitada e os seus limites são óbvios. A extensão da responsabilidade para toda a sociedade alemã significou, também para os filhos dos opositores mortos pelo regime nazista, o pagamento de penalidades financeiras destinadas à compensação econômica dos crimes do regime.

Mas a extensão das culpas à coletividade e à história mostra seus limites mesmo se seguirmos a análise sutil dos historiadores profissionais. A mais famosa "batalha entre historiadores" dos tempos recentes foi provavelmente aquela conhecida como *Historikerstreit*, que, desde 1986, debateu durante muito tempo as responsabilidades do nazismo. Antecipando aquela que foi chamada de "corrente revisionista", E. Nolte afirmou que a destrutividade crescente de Hitler e particularmente a chamada "solução final" do problema judaico não haviam sido "causadas", mas psicologicamente "inspiradas" por uma violência genocida anterior. Essa violência possuía uma qualidade "asiática" e explodiu durante e depois da Primeira Guerra na Turquia e na União Soviética.[6] O debate que se seguiu causou clamor na Alemanha e fora dela. Muitos aceitaram alguns aspectos da reconstrução de Nolte, mas rejeitaram o que parecia subentendido: a tentativa de relativizar ou atenuar a dimensão absoluta dos crimes nazistas.

Não devemos esquecer aquele debate. O clamor suscitado pelo *Historikerstreit* recorda-nos que estava em jogo muito mais que uma análise historiográfica especializada. Suas implicações psicológicas e morais foram enormes e constituíram um referencial. A história é infinitamente mais complexa do que as biografias pessoais. Há sempre um antecedente (*Ursprung*, na terminologia de Nolte) ou um fator psicológico que desencadeia um crime específico. Se aplicarmos a todo precedente histórico o mesmo princípio de "circunstância atenuante" que utilizamos ao julgar crimes individuais, retrilharemos toda a história humana até Caim – que será então o único sujeito totalmente responsável. Ligar os fatos aos seus antecedentes é uma atividade importante tanto para os historiadores quanto para os analistas. Contudo, isso não nos autoriza a desistir de julgar um ato criminoso pelo que ele é. Se roubei a carteira de alguém, devo receber uma punição, mesmo se minha vítima antes assaltou um banco.

Passemos agora à perspectiva mais específica de nossa discussão. Seguindo o raciocínio de Nolte e o do *Le Monde Diplomatique*, mas sem seu discernimento e clareza, muitos europeus dizem "Sim, mas..." Esse início de frase já é uma oportunidade perdida de conservar unidos os opostos neste momento trágico. Uma oportunidade perdida na batalha contra a unilateralidade. Uma fração de segundo é reservada ao "sim" e logo o debate escorrega para o "mas".

"Sim, os acontecimentos de 11 de setembro são terríveis, *mas*, como queremos entendê-los psicologicamente, devemos explicar por que os EUA são tão odiados."

Obviamente o motivo não é apenas um; os motivos são infinitos. A História não é um clube filantrópico. Um país que tem poder usa esse poder e é odiado por isso. Mas essa é realmente uma contribuição psicológica ao problema? Há fortes dúvidas de que não o seja. Quando se começa a debater as responsabilidades dos EUA fora do país e entre outros povos, há uma grande chance de que não se esteja procurando entender se existem razões. Está-se procurando, ao contrário, *a* razão. Faz-se uma análise partindo da premissa de que deve necessariamente existir uma razão.

E isso, aos poucos, desperta preconceitos semelhantes àqueles para os quais as massas foram intencionalmente dirigidas durante as perseguições aos judeus: "Se eles são assim tão odiados, alguma coisa devem ter feito."

Eis aí uma variante européia do florescer de idéias persecutórias globais. Naturalmente muitos europeus compartilham, por fazerem parte do Ocidente, o temor de serem vítimas potenciais de uma Cólera Divina global, de onde quer que ela venha. O reverso dessa paranóia está no fato de que outros europeus procuram distanciar-se, fantasiando que o problema diz respeito apenas aos EUA. Instintivamente, procuram a razão pela qual a Ira de Deus se volta para a "América". Uns e outros têm suas razões. Além disso, essas mesmas pessoas alternam uma e outra expectativa. Infelizmente, o quadro geral ganha uma simplificação artificial e resvala para as formas de pesadelo e paranóia globais que os tempos nos reservam.

A compreensão psicológica é dificultada pelas emoções inflamadas. Quem acaba se beneficiando dessas oscilações é o próprio Osama bin Laden: em certo sentido, ele conseguiu contaminar o mundo todo com aquilo que, originariamente, era seu mundo particular de fantasias persecutórias. Sua capacidade de nos contaminar com bactérias parece ter sido amplamente superestimada. Pelo menos até agora. Apesar das discussões, não se encontrou nenhuma prova convincente de que as cartas infectadas que circularam nos correios norte-americanos no final de 2001 fossem obra de fundamentalistas islâmicos. Pelo contrário, há boas razões para acreditar que viessem de alguma mente local, de algum concorrente do Unabomber que merece o nome de Una-antraz.

O que conta é outra coisa. Durante todo o mês de outubro de 2001, os principais canais de televisão norte-americanos transmitiram horas de serviços públicos voltados a possíveis infecções bacteriológicas e poucos minutos diários dedicados à guerra no Afeganistão. O que se espalhava sem controle era uma contaminação psíquica coletiva. Mas, imersos como estamos em um mundo antipsicológico, fomos capazes apenas de projetar o perigo nos bens materiais, sem perceber que a infecção psíquica era o fato mais grave. Durante certo tempo, essa infecção psíquica contagiou os meios de comunicação mais potentes do mundo. Estes, por sua vez, têm a função de "transmitir" as dinâmicas psíquicas, poupando aos telespectadores o esforço mental. Tiveram fé na sua tarefa e, junto com os conteúdos, transmitiram a infecção.

Os aspectos mais visíveis da contaminação psíquica tiveram curta duração. As massas e os meios de comunicação logo chegaram a um acordo para afastar os pesadelos e colocar no trono um Valium global. O mundo das comunicações de massa favorece o torpor imaginal com suas obviedades diárias. Contudo, imagens de forte impacto como as do 11 de setembro despertam a fantasia das pessoas mais inesperadas e por um tempo imprevisível. Tivemos uma "guerra bacteriológica postal" deflagrada pela suspeita de armas bacteriológicas nas mãos de grupos islâmicos, mas talvez executada por elementos da extrema direita norte-americana. E dois "ataques aéreos suicidas" contra edifícios civis (na Flórida e em Milão), desprovidos de verdadeiras motivações políticas. Quem disse que o espinho que espetou nosso inconsciente e estimulou os pesadelos adormecidos foi extraído definitivamente?

Nesse sentido, os terroristas obtiveram um outro sucesso, por causa da vulnerabilidade psíquica que temos nós, ocidentais modernos. Eles não precisaram pôr no correio cartas envenenadas. Não precisaram seqüestrar o vôo 587 da American Airlines que caiu sobre Queens em novembro. Essas coisas aconteceram "como se" a vontade deles dirigisse os acontecimentos decisivos do mundo no final de 2001. Os acontecimentos decisivos do *nosso mundo interior*? Nenhum fundamentalista seqüestrou o vôo AA-587. Era a fantasia do Deus Vingador, a imagem inconsciente do pesadelo que nos perseguia, seqüestrando a mente coletiva.[*]

Acaso estamos dizendo que, se adotarmos o ponto de vista psicológico, deveremos renunciar à crítica dos muitos erros cometidos pelos EUA? Claro que não. Mas para enfrentar o problema do ponto de vista psicológico, antes que do político, a pergunta "Por que tanto ódio contra os EUA?" deveria ser debatida entre os norte-americanos, antes que entre os europeus.

Certamente podem ser encontrados antecedentes históricos das responsabilidades históricas. Mas se procuramos principalmente "causas", tornamo-nos mecanicistas. Afinal, descobrir que foi criminoso apoiar o golpe de Estado de Pinochet é como descobrir que a água é molhada. Os terroristas do 11 de setembro de 2001 eram árabes, não chilenos. O problema não é de mecânica causal, mas de afinidade psicológica. Não se trata de uma gênese no sentido estrito. A reação "vingativa" não partiu de alguma das vítimas de Pinochet, mas de onde foi ativada uma situação psicológica correspondente.

Para dar ao problema um olhar psicológico, os vínculos entre as práticas dos terroristas, as práticas do governo norte-americano e as emoções mais profundas do homem comum em qualquer lugar do mundo devem ser procurados principalmente na fantasia inconsciente. Foi uma expressão de *hybris* por parte de uma superpotência contribuir para o assassinato de um presidente legitimamente eleito em um país infinitamente mais fraco? Osama bin Laden e seus seguidores pertencem

[*] No início de novembro de 2001, exatamente enquanto o AA-587 caía, eu estava em outro vôo da American Airlines. Inspirado mais no código da paranóia do que nos códigos do tráfego aéreo, nosso comandante comunicou que podia nos tranqüilizar: o AA-587 não explodira devido a um atentado, mas por causa de um simples defeito.

a um mundo diferente e não se preocupam com eleições legítimas, mas talvez se preocupem com os mitos que alimentam o inconsciente global. Exploram a expectativa universal de que a *hybris*, cedo ou tarde, será golpeada pela nêmesis.

Os psicólogos não são políticos nem generais. Não têm qualificação para predizer se as ações militares, combinadas com as diplomáticas e com as promessas de altas recompensas econômicas, contribuirão para eliminar o terrorismo. Mas a psicologia oferece sua contribuição com outras observações. Consideremos o fato de que uma das primeiras providências norte-americanas, junto com a preparação da represália militar, foi a alocação de grandes quantias para a captura dos responsáveis. A oferta de altas somas de dinheiro pode ser uma tentação forte para populações desesperadamente pobres. Ao mesmo tempo, como psicólogos, perguntamo-nos se a demonstração de colossais aparatos militares e diplomáticos e a oferta de quantias quase inconcebíveis para o Terceiro Mundo não levariam novamente as populações muçulmanas a uma reação de orgulho — simpatia pelos fundamentalistas e desprezo pelo governo norte-americano, que prefere sempre a linguagem do poder e do dinheiro. Procuremos nos colocar no lugar das pessoas que fazem parte dos círculos próximos a Bin Laden, aquelas capazes de ajudar em sua captura. Se aceitassem as recompensas oferecidas pelo governo americano, poderiam abandonar suas atividades e passar o resto da vida no luxo. Porém, pessoas que estão prontas a sacrificar a própria vida sem hesitação se interessam realmente pela idéia de luxo e conforto? Temos certeza de que não se trata, mais uma vez, de algum cálculo discutível produzido pelo reducionismo da nossa visão ocidental?

Não acho que essa tentativa seja somente pouco eficaz; acho que ela é contraproducente. Oferecer recompensas incrivelmente altas corresponde a dizer a pessoas incrivelmente pobres: “Podemos comprar vocês, seus maltrapilhos.” E não é essa uma outra forma de arrogância? E se é assim, como o governo norte-americano se livrará do círculo vicioso que o identifica com a arrogância e o faz ser desprezado? Também Osama bin Laden dispõe de muito dinheiro. Contudo, ele fica bem atento em não oferecer recompensas econômicas, mas metafísicas; e nesse caminho obteve sucessos nada desprezíveis. Corromper alguns traidores produz resultados, mas de curta duração. Promover uma recompensa religiosa abre o caminho para continuar a guerra infinitamente, porque infinitas no tempo são as recompensas oferecidas pela fé. E quem se apresentará da maneira mais nobre: o "corruptor" que distribui dinheiro para ganhar os outros para sua causa ou o profeta que distribui "justiça divina"?

Não estou sugerindo que também os EUA devam oferecer o Céu como recompensa. O ponto de vista norte-americano tem de ser outro. Estou simplesmente sugerindo que a política norte-americana deveria prestar mais atenção ao aspecto psicológico e não exibir um comportamento arrogante. Não esqueçamos que um riquíssimo xeque árabe ofereceu um cheque polpudo a Giuliani para a reconstrução de Nova York; quando o prefeito devolveu o cheque intacto, a opinião pública apoiou-o por unanimidade. O xeque demonstrara arrogância, Giuliani demonstrou dignidade.

Não é função do psicólogo dar sugestões específicas nesse campo. E tampouco necessário. Todos sabemos como seria simples, psicologicamente revolucionário e eficaz diante da opinião pública de todo o mundo um ato oficial de humildade por parte do governo dos EUA. Por exemplo, entregar aos juízes de um país latino-americano o funcionário dos EUA que tenha colaborado em um golpe de Estado contra o governo legítimo daquele país ou na repressão que se seguiu e que também levou ao massacre de civis inocentes. O governo dos EUA tem todo o direito de pedir a entrega dos cúmplices no massacre das Torres Gêmeas e de considerar cúmplices as autoridades estrangeiras que não o atenderem. Mas tem também a obrigação —jurídica, moral e histórica— de respeitar o mesmo princípio: o massacre de civis é um crime que nunca prescreve.[7] Dobrar a arrogância em humildade seria o primeiro passo de uma nova cultura política. Talvez fosse também a única possibilidade de interromper o fluxo de rancor que leva multidões, no mundo todo, a fazer dos EUA o bode expiatório de todos os males.

Sabemos que as coisas são mais complexas do que mostramos. Na verdade, a complexidade é um dos propósitos de nosso discurso. Não podemos prestar atenção apenas ao aspecto mais visível das coisas. Quando se dispõe de muita força e muito dinheiro, como acontece com os EUA, é relativamente fácil modificar o estado material das coisas. Bem mais difícil é modificar a psicologia coletiva e, em particular, aquele aspecto a que chamamos cultura. É preciso ter paciência e penetrar gradualmente na filosofia que a modelou.

Esse é um campo interessante a ser explorado. Os EUA foram forjados, mais do que qualquer outro país, pelo pragmatismo – pela filosofia que consiste em não adotar qualquer filosofia específica ou, pelo menos, em não ter uma filosofia fixa, idealista ou platônica, uma idéia fundamental à qual se jura fidelidade.

Todos sabemos que os EUA são o país da mobilidade. A mobilidade geográfica e a mobilidade social são muito mais altas que na Europa ou em outros continentes. Mas, antes mesmo de mostrar-se nesses aspectos materiais e visíveis, a mobilidade norte-americana afirma-se profundamente como forma mental da sua cultura. Até a palavra "filosofia" é influenciada por isso: em italiano, "filosofia" se refere a uma atitude teórica; em inglês, refere-se às aplicações imediatas e práticas de tal atitude.

Os EUA são, portanto, capazes de rever o próprio comportamento com uma rapidez inesperada. Os comportamentos coletivos, e sobretudo a política oficial do governo, podem ser modificados em pouco tempo se isso for conveniente. Voltemos então ao nosso olhar psicológico sobre a arrogância. Uma das grandes possibilidades dos EUA está exatamente na sua agilidade; e a política do governo norte-americano poderia rapidamente se modificar, deixando de ser arrogante e ficando atenta para não ofender os sentimentos alheios – desde que, claro, se demonstre que tal mudança é justa e conveniente.

Vamos refletir sobre as possibilidades concretas de uma mudança desse tipo. A resistência a essa mudança não viria apenas dos círculos que perderiam poder se a política externa dos EUA fosse menos agressiva (por exemplo, a indústria de armamentos e os militares). Os obstáculos viriam também dos países que se inspiram em um outro tipo de filosofia, não pragmatista. Não estamos dizendo que eles se oporiam, mas que levariam muito tempo para confiar em tal mudança. A cultura desses países, da própria Europa, desconfia das mudanças velozes. Quem segue uma filosofia menos pragmatista tende a etiquetar os EUA como um país cínico e sem fé, sem ideais, sem Deus, interessado apenas nos ganhos materiais. Em boa parte da Europa, o pragmatismo é uma atitude psicológica que, enfrentando outras correntes culturais, não se desenvolveu. Tendo permanecido no inconsciente, presta-se a se associar a projeções da sombra coletiva. A flexibilidade da política norte-americana é vista (pelos olhos inspirados por culturas idealistas ou, de todo modo, não pragmáticas) como uma expressão de avidez e falta de coerência moral.

Isso não é necessariamente verdadeiro. A flexibilidade norte-americana pode exprimir aquela humildade, aquela atitude autocrítica que freqüentemente parece inútil esperar desse grande país. Como a expressão da capacidade de reconhecer os próprios erros e repará-los: uma capacidade pragmatista. Além disso, a estabilidade e a fidelidade indefectível a uma determinada linha não são necessariamente sinais de superioridade moral. Hitler, por exemplo, tinha muitos admiradores entre os líderes árabes: uma das razões disso era a hostilidade aos judeus. Mas, por conta da rígida coerência e fidelidade aos seus ideais, Hitler não foi capaz de utilizar política e militarmente esse potencial de alianças; acreditava que todos os povos semitas —não apenas os judeus— eram inferiores.

No meu entender, o ponto fraco do pragmatismo e da flexibilidade da política norte-americana é constituído por sua freqüente falta de cautela e sensibilidade psicológica. Sem recorrer aos exemplos óbvios, notórios e clamorosos que dizem respeito às relações entre os EUA e a América Latina, eu me limitarei a citar a Itália.

Em 1945, os EUA conquistaram na Itália grande respeito e crédito moral, dado que, vindos de tão longe e não estando diretamente envolvidos na política européia, muitos de seus soldados foram mortos desembarcando em nossas praias e ajudando a democracia a vencer o fascismo e o nazismo. Nem a propaganda marxista, que surgiu com o início da Guerra Fria, conseguiu apagar esse crédito – porque, depois de terem ocupado vitoriosamente a Itália, as tropas norte-americanas voltaram logo para casa e foram substituídas por imensa ajuda econômica (o Plano Marshall).

Contudo, nas décadas seguintes à Segunda Guerra, mãos sujas e incontroláveis do governo norte-americano favoreceram, em diversas ocasiões, grupelhos de neofascistas italianos, inimigos da legalidade e violentos. A intenção —que parecia justificar qualquer meio— era a de contrabalançar a influência crescente do Partido Comunista Italiano. Discutindo esses argumentos do ponto de vista psicológico, não é nossa tarefa estabelecer se a paixão pela intriga na política de outros países revelou-se uma estupidez política. Nem é nossa tarefa estabelecer o que pensaram as viúvas e os órfãos dos soldados norte-americanos mortos em solo italiano na luta contra o fascismo: simbolicamente mortos pela segunda vez, apunhalados pelas costas por representantes de sua democracia que, financiando os fascistas, deturpavam os ideais pelos quais haviam morrido. Limitar-nos-emos a lembrar que a psicologia coletiva italiana foi fortemente influenciada por essas intrigas e isso contribuiu para alimentar a simpatia pelo Partido Comunista e pelo bloco dos países da Europa Oriental.

Os EUA têm a grande vantagem de serem capazes de modificar rapidamente a sua conduta. Todavia, deveriam aceitar a "coexistência dos opostos" também no campo das filosofias. Deveriam aceitar que os outros países têm uma relação diferente, e mais difícil, com a flexibilidade. Portanto, se mudassem a sua política externa e adotassem uma menos arrogante —como lembramos, seriam capazes dessa mudança no curto prazo—, isso lhes traria vantagens. Mas apenas com a constância, apenas com o tempo. Porque mudaria a sua relação com os outros países: não a cultura destes últimos que, diversamente da norte-americana, exprime seus sistemas de valores no longo prazo.

Com freqüência, a política internacional dos EUA foi tão flexível que causou sérios danos à sua imagem. Estava tão interessada nas táticas (vantagens de curto prazo) que prejudicou seus interesses estratégicos (isto é, de longo prazo). Recorreu à flexibilidade mostrando indiferença pela opinião pública dos outros países. Indiferente, portanto, à *hybris*. Como lembramos, a punição da *hybris* —*nêmesis*— manifesta-se como uma inversão natural da marcha da arrogância, que acaba por golpear o arrogante. Como a mágica que fugiu ao controle do aprendiz de feiticeiro, muitos ditadores brutais ou senhores da guerra voltaram contra os EUA suas mãos armadas pelos EUA. Nenhum deles o fez, porém, com tanto som e fúria como Osama bin Laden.

Vamos voltar ao problema dos pólos opostos de um arquétipo e tentar examinar sua união e separação, seja dentro de um país, seja entre um país e outro.

Os europeus têm dificuldade para compreender que o U da sigla EUA não representa simplesmente um adjetivo (*United*, Unidos). Representa também uma filosofia e uma fé.

Um comercial que dominou todos os canais de tevê dos EUA depois do 11 de setembro mostrava indivíduos dos mais diversos tipos afirmando: *I am an American* ("Eu sou americano"). Pessoas muito diferentes entre si —a moça negra, de trancinhas e roupas coloridas; o comerciante chinês; o casal branco, de idade avançada, em cadeiras de rodas— estavam indistintamente unidas na sua americanidade. *I am an American*. A repetição obsessiva do conceito de americanidade, conjugado ao de unidade, representava na tela da televisão a luta do bem contra o mal. A verdadeira luta: não a luta contra o inimigo externo, mas a luta do princípio bom (a União) contra o princípio mau (a Divisão).

É difícil explicar aos europeus que todo esse agitar de bandeiras, toda essa repetição da palavra "nação", toda essa repetição do nome do país ou do adjetivo pátrio —"América" ou norte-americano— não correspondem a uma mobilização contra outros países, mas contra a Divisão. Para entender tudo isso, é preciso ter filhos que freqüentem uma escola nos EUA. Dessa escola, é preciso ler os livros de História. Dessa História, é preciso aprender qual foi a única guerra em que os EUA se sentiram feridos de morte: a Guerra da Secessão. Secessão: nome oficial da *Divisão*, do Sul se separando da *União*. Os europeus experimentaram a divisão, em sua pior forma, com as guerras causadas pelos nacionalismos. Portanto, Nação não casa com União, mas com Divisão. Isso é particularmente verdadeiro para os países que, além da guerra, conheceram também a ditadura. Somente nos EUA o nacionalismo casa com a União e é considerado a melhor prevenção contra o mais mortal dos riscos: o da guerra civil.

Na segunda quinzena de setembro de 2001, ainda morando nos EUA, escutei a palavra *Nation* e o adjetivo *American* muitas e muitas vezes mais do que ouvi, nos meus 57 anos de Itália, *nazione* e *italiano* (palavras que, ao contrário da língua inglesa, não começam com maiúscula). O bombardeio psicológico daí decorrente é impressionante. A perda daí decorrente é algo que também experimentaram vários de meus pacientes, a maioria deles europeus — sentiram-se, de súbito, isolados em meio à multidão, porque, de súbito, perceberam que não possuíam aquela identidade; todos ao redor parecem ser um segmento daquela identidade coletiva, enquanto a identidade individual parece, no momento, perdida. Na Itália, conhecemos essa linguagem apenas pelos relatos dos idosos. Esse tipo de vocabulário era próprio de Mussolini e bem poucos, na Itália pós-fascista, se definem com o adjetivo "nacional". Não por acaso, um dos poucos a fazê-lo é o partido de direita Aliança Nacional, que constitui, depois de uma série de transformações, a última versão do histórico Partido Fascista. Isso é ainda mais verdadeiro, claro, na língua alemã: a palavra sobreviveu praticamente apenas no substantivo "nazismo" (abreviatura de *National-Sozialismus*). Ainda uma vez, notamos que os EUA constituem quase uma exceção planetária. Ali, o debate referente a nação e nacionalismo voltou-se para o interno; não para as questões político-sociais internacionais, mas para as nacionais – e diz-se que tem como objetivo salientar a igualdade e não a diferença. A razão é histórica e geográfica. Os EUA são praticamente um continente e faltam-lhes, sobretudo hoje em dia, inimigos visíveis nas suas fronteiras (contra suas fronteiras meridionais comprimem-se, é verdade, um exército de mexicanos; não, porém, porque estes queiram a morte dos norte-americanos, mas porque querem ter a vida dos norte-americanos, porque querem viver como norte-americanos, se tornarem "americanos" no sentido de estadunidenses).

Os consultores de relações internacionais do governo norte-americano são pessoas cultas, versáteis, cosmopolitas, visivelmente mais capazes do que seus equivalentes nos outros países. Contudo, é surpreendente como ninguém parece dar importância ao problema e à linguagem do nacionalismo, que diferenciam os EUA da Europa – e ameaçam, no futuro, separá-los cada vez mais. Como se ninguém prestasse atenção ao fato de que a posição dos EUA não pode ser generalizada (também é arrogante esperar que a própria situação, apesar de excepcional, sirva de modelo). Geralmente uma nação e suas problemáticas nacionalistas são determinadas pelo confronto com outras nações. Não é possível fugir do problema das relações internacionais, até para um país das dimensões dos EUA. A mesma língua inglesa usada nos EUA é –feliz ou infelizmente– também a língua das relações internacionais. Os meios de comunicação de massa dos EUA são também os meios de comunicação de massa dominantes no mundo. A CNN é a voz das últimas notícias para os EUA e também para todo o Ocidente e para todo o mundo.

O fato de a CNN, depois do 11 de setembro, ter por longo tempo intitulado seu noticiário de *America's New War* ("A nova guerra dos EUA") criou, pouco a pouco, um distanciamento daqueles europeus que, em 11 de setembro, tinham se identificado profundamente com os EUA e com o seu sofrimento. Apresentar o drama internacional como drama nacional norte-americano reforçou a posição dos muitos europeus que dizem a meia-voz: "Não são *nossos* problemas." E naturalmente fez o jogo dos terroristas, aos quais interessava, mais ainda que um ataque militar, um ataque psicológico que isolasse os EUA do resto do mundo. Isolá-los é a premissa necessária para depois acusá-los de serem os responsáveis pelos males do globo.

Depois do 11 de setembro, muitas vozes oficiais da política norte-americana disseram que os terroristas odeiam os EUA porque os EUA cultivam a religião da legalidade: são o protótipo do país onde vigora o estado de direito (*the rule of the law*). Por que então a voz do presidente norte-americano despertou as tradições do faroeste para pedir que Osama bin Laden fosse entregue "vivo ou morto"? Do ponto de vista psicológico, esse é um modo seguro de distanciar-se dos europeus, os quais, mesmo sendo menos religiosos que os norte-americanos, acreditam que apenas Deus, não o homem, tem o direito de ministrar a morte. Do ponto de vista lógico, é uma renúncia à coerência, dado que estado de direito é, por definição, aquele em que as punições são decididas apenas por um tribunal. Mesmo quem se declara a favor da pena de morte não aceita que se peça a morte de alguém antes de submetê-lo a julgamento.

Por que depois do 11 de setembro os consultores do governo norte-americano parecem estar todos em férias? As vozes oficiais do governo norte-americano descreveram os terroristas como criminosos porque assassinaram *innocent American civilians* ou *innocent American children*. Será que eles não percebem que essas frases, traduzidas ao pé da letra do inglês para outra língua, adquirem um som estranho e desagradável? "Civis *americanos* inocentes, crianças *americanas* inocentes." Todas as línguas do mundo chamarão de criminoso quem mata civis ou crianças inocentes, independentemente da nacionalidade das vítimas. Quem decidiu oferecer tantos bons argumentos aos que sustentam que os EUA continuam a ser um país que pratica a discriminação e o racismo?

Certo, os políticos norte-americanos são eleitos por votos norte-americanos. Mas essa é uma condição universal, válida em todo lugar onde haja eleições democráticas. Os políticos dos EUA, por exemplo, falam de *human rights*, direitos humanos, não simplesmente de *American rights*. É exatamente do ponto de vista das relações internacionais que os EUA têm uma responsabilidade mundial, porque o seu papel é global, como nunca ocorreu com outro país em qualquer período da história humana. E os EUA têm uma responsabilidade internacional não apenas nos dias de hoje, como superpotência única e dominante, mas, por assim dizer, geneticamente. Ao contrário de outros países, cujo papel permaneceu local, a política norte-americana foi declarada internacional desde as primeiras linhas do seu primeiro e fundamental documento, a Declaração de Independência dos Estados Unidos da América (1776). O país já se propunha, entre as primeiras afirmações, a "(...) assumir, entre os poderes da Terra, a situação de igualdade e independência a que lhe dão direito as Leis da Natureza e o Deus que a governa".

Como psicólogos, nos surpreendemos. É ou não verdade que o governo norte-americano dispõe de consultores em psicologia para recordar que os slogans não só têm eficácia curta como também implicações psicológicas de longo prazo, persistentes, inconscientes e perigosas? É ou não verdade que expressões como "Justiça Infinita" (o nome inicial da operação antiterrorismo, felizmente modificado) ou "Eles despertaram um gigante poderoso" fazem todos nós pensar no estado psicológico de onipotência de quem as pronuncia? É ou não verdade que os EUA agem com arrogância e que isso lhes custará —no longo prazo e subterraneamente— a hostilidade do resto do mundo?

Desde o início, a conquista dos céus foi um empreendimento norte-americano. Do breve salto dos irmãos Wright ao vôo solitário de Lindbergh, a Glenn, Armstrong e os outros astronautas, os EUA se sentiram fascinados pelo vôo e atraídos para os céus, do mesmo modo que para a construção de arranha-céus – como se fossem possuídos por uma força da gravidade em sentido contrário. O vôo sempre foi uma tentação norte-americana: uma glória norte-americana e, ao mesmo tempo, uma *hybris* norte-americana. Até a figura melancólica de John-John Kennedy não está livre dessa nódoa, quando sobe para seu último vôo esquecendo o respeito razoável pelos limites humanos.

Não é função do psicólogo avaliar se, do ponto de vista militar, tem sentido lançar sobre o Afeganistão uma avalanche de aviões, cada qual custando uma parcela considerável do PIB daquele país. É, contudo, função do psicólogo discutir o "custo psicológico" dos bombardeios, contrapô-lo ao seu custo econômico e, em certo sentido, observá-lo em relação aos custos históricos. Ninguém esqueceu que os EUA lançaram mais bombas sobre o Vietnã do que durante toda a Segunda Guerra. Apesar disso, acabaram tendo de abandonar o Vietnã. A reputação ali conquistada, em termos de arrogância e perda de prestígio, não faz as Forças Armadas norte-americanas hesitar diante de riscos semelhantes?

Infelizmente, a prioridade dada aos ataques aéreos não provém apenas de considerações estratégicas, mas, em boa parte, de considerações de política interna. Mais do que qualquer outro aparato militar, o dos EUA procura atingir o inimigo de longe e do alto, para evitar a morte dos seus soldados. O princípio inspirador seria respeitável e até humanitário, não fosse o fato de que o número limitado de baixas militares tem um preço: o enorme aumento de mortes na população civil do país inimigo. E o preço, tremendo, de partir em duas a imagem humana. Os "nossos", para os quais minimizamos os riscos a todo custo, e os "deles", cujos mortos podem se multiplicar, porque isso não influi muito sobre os cálculos da operação.

Essa escolha dramática tornou-se uma tradição sempre mais enraizada no tempo. Sua primeira aplicação maciça ocorreu durante a Segunda Guerra Mundial. Sua eficácia militar foi muito discutida. Na Itália, e mais ainda na Alemanha e no Japão, foi imensa a destruição sofrida pelas comunicações e pela indústria militar. Contudo, a produção bélica foi transferida, dispersada e retomada em localidades novas e menos óbvias. A moribunda propaganda de guerra fascista e nazista foi até revigorada pelos bombardeios. Dessa vez, não precisou mentir; descreveu a guerra no espaço aéreo como particularmente cruel, desumana e covarde (um adjetivo que —por estranha coincidência ou nêmesis— foi usado na resposta norte-americana aos terroristas; estes certamente são ferozes e cruéis, mas não covardes nem preocupados em proteger a própria vida).

Devemos perguntar-nos se o aspecto psicológico dessa unilateralidade norte-americana —que vimos em ação no Vietnã, Kosovo e Afeganistão– foi bem avaliado. Com a guerra baseada na ocupação do espaço aéreo, as polaridades opostas são separadas fisicamente, visualmente. O mal está embaixo. O bem está em cima. É como se fosse criada a imagem de dois gêneros humanos separados. Os de cima (superiores?), que nunca deveriam morrer. Os de baixo (inferiores?), que podem apenas escolher entre morrer agora ou escapar da morte e sobreviver, não necessariamente viver, até encontrarem o próximo perigo. A necessidade militar deve ser realmente a necessidade decisiva? Não seria psicologicamente importante evitar uma imagem que divide os seres humanos nos "de cima" e "de baixo"? Uma imagem que contradiz novamente as primeiras linhas da Declaração de Independência, *Todos os homens são criados iguais?*

Parafraseando a conhecida frase de Von Clausewitz, a guerra no espaço aéreo é a continuação militar da política que define o adversário como "o Mal". Uma política feita de simplificações excessivas. Uma política que divide as polaridades psicológicas e favorece a psicologia da divisão. Uma política que cai na armadilha preparada pelos fundamentalistas: ao defini-los como Mal (isto é, Satã), ela usa as mesmas categorias usadas por eles para definir a política norte-americana. Desse modo, palavras verdadeiras e dotadas de significado estão sendo substituídas pelo uso geral do Som e da Fúria. O perigo está em antagonizar radicalmente os opostos, reduzi-los a termos absolutos, não mais analisáveis, e afinal desprovidos de sentido, como a palavra Mal escrita com maiúscula. O resultado é que poderemos ter simplesmente um conflito do Mal contra o Mal.

É muito difícil, diante de acontecimentos dessa dimensão, dizer coisas que resistam à pressão do tempo. Como analista, sinto-me condenado a fazer críticas sem apresentar propostas verdadeiras. Depois do 11 de setembro, a necessidade de reconstruir as Torres Gêmeas, talvez mais altas do que antes, predominava nos discursos públicos que se ouviam em Nova York. Eu gostaria de ter gritado: "Deixem o Marco Zero como um santuário, como um alimento para a memória. Aceitemos a ferida, sem tentar eliminar as cicatrizes, sem eliminar a tristeza, os sentimentos de luto que, em um momento como esse, são justos e necessários. Não voltemos imediatamente ao otimismo unilateral de que a cidade se alimenta. Não reconstruam as Torres Gêmeas!"

Que ingenuidade a minha esquecer que vivemos no tempo da cirurgia estética. O que sabe um analista sobre as necessidades urbanísticas, arquitetônicas, financeiras? A única coisa que ele pode dizer é que o desejo imediato de reconstruir as Torres Gêmeas lhe parece um ato de *hybris*. E que a acusação de arrogância foi, e continua a ser, uma bomba devastadora pendente sobre a cabeça dos EUA.

As bombas —claro que as usadas pelos terroristas também eram bombas, mesmo se até pouco antes foram aviões comerciais— separam os opostos, polarizam as situações. As bombas permanecem no tempo (e não apenas metaforicamente: poucos meses antes do 11 de setembro, fiquei preso no trânsito, junto com todo um bairro de Milão, porque uma escavação pôs a descoberto uma grande bomba, não detonada, lançada pelos Aliados em 1944.) Também o Som e a Fúria, uma vez lançados dentro de nós, permanecem ocultos em alguma parte subterrânea da mente, sem explodir, mas potencialmente devastadores. Os seus efeitos, subterrâneos e crônicos, são aqueles que a psicopatologia descreve no trauma psíquico. A esse respeito, os europeus em certo sentido têm algo a dizer aos norte-americanos, pois é maior sua experiência com as bombas (Brigadas Vermelhas, IRA, Baader-Meinhoff, por exemplo).

A Europa de hoje é a filha daquela América que um dia foi sua filha. Mas, em uma circunstância como essa, talvez possam ainda trocar os papéis e manter um discurso comum.

Atlas foi um gigante mitológico cuja tarefa era sustentar o mundo: mantê-lo erguido e ao mesmo tempo unido. Hoje, Atlântico é o nome do oceano que une essas duas partes do mundo. Esperemos que não se torne mais largo e que continue a mantê-las unidas.

O Terrorismo Islâmico

Wolfgang Giegerich

Quero prefaciar as observações que se seguirão com duas citações. A primeira é de Goethe, uma advertência contra o emocionalismo/irracionalismo inflado dos românticos, e diz: "Os alemães não deveriam usar a palavra *Gemüt* (alma, coração, a sede da expansão, emoções calorosas, o mundo interior em sua totalidade) durante um período de 30 anos e, então, aos poucos *Gemüt* poderá se restaurar a si mesma de novo". Aplicada à nossa situação, essa afirmação indicaria: "Os junguianos não deveriam usar as palavras 'o numinoso' e 'o sagrado' durante um período de 30 anos."[*] A segunda citação é de Aristóteles e diz: "É um sinal de *apaideusía* (carência de refinamento cultural) não saber para o que uma prova necessita ser procurada e para o que não" (Met.

[*] Deixo em suspenso a continuação a ser esperada com base na sentença de Goethe, pois duvido que hoje, no caso do "numinoso" e do "sagrado", pudesse haver uma restauração análoga à que Goethe imaginava possível no que diz respeito a *Gemüt*. Em vez disso, parece-me que o tempo do "numinoso", no sentido próprio da palavra, já passou e que o uso inflacionado, ideológico, que se faz do termo em alguns locais é um dos sintomas de sua morte como uma realidade psicológica.

1006 a 6). Ajustando este *insight* para o nosso contexto, diríamos: "É um sinal de *apaideusía* não saber para qual fenômeno a perspectiva arquetípica é requerida e para qual não o é." A psicologia tem de resistir à tentação de inflar com significação arquetípica ou mítica os acontecimentos, as imagens oníricas e as reações emocionais derivadas de nossos complexos pessoais ou coletivos ou de simples condições sociais e políticas. Ela precisa aprender a discriminar; o que empiricamente é espetacular, gigantesco, sensacional pode, no entanto, ser psicologicamente comum ou até mesmo banal, e aquilo que, por contraste, é de profunda significação psicológica pode ser empiricamente modesto. Diríamos também que a psicologia tem de aprender a discriminar entre o que pertence de forma autêntica à esfera da realidade prática e à "psicologia do ego", por um lado, e, por outro, aquilo que é expressivo de um movimento no "terreno da alma".

É por isso que nestas reflexões eu vou ignorar os eventos dramáticos de 11 de setembro de 2001. Eles não necessitam atenção *psicológica* especial. Tem havido outros desastres com maior número de pessoas mortas na história recente (Ruanda, Kosovo, etc.); atos de terrorismo têm estado presentes por décadas; não foi uma surpresa que os EUA tenham sido o alvo de ataques terroristas; que não há garantia de segurança é uma percepção familiar. Em vez de focar um acontecimento específico, tentarei refletir acerca do fenômeno do terrorismo islâmico de forma geral tendo em mente a questão especial de como deveríamos avaliá-lo.

ISLÃ "VERDADEIRO" VERSUS ISLÃ *REAL*

Existiram e ainda existem grupos terroristas em muitos lugares. Na maioria das vezes, eles são pequenos e devem ser compreendidos em termos da situação local. Mas o terrorismo islâmico se destaca – não apenas pelo seu foco de ódio contra os EUA e por sua rede extensa, quase global, e sua sofisticação técnica, mas também pelo enorme apoio moral que recebe de grande parte das populações de países islâmicos (incluindo grande parte da *intelligentsia*). A designação "islâmico" parece ser apropriada. Esse terrorismo é um fenômeno peculiarmente islâmico. Um tal ódio passional direcionado contra os EUA está em grande parte ausente na África Negra ou na Ásia não-islâmica, ou mesmo no Vietnã, onde a raiva contra os EUA seria considerada bem mais provável por razões históricas. Não podemos meramente acusar um pequeno grupo de pessoas desencaminhadas de interpretar o seu terrorismo como uma *jihad* islâmica contra os infiéis. A conexão com o Islã é, pelo menos em parte, intrínseca.

Muitos estudiosos do Islã e muitos ocidentais bem intencionados alertam contra o perigo de confundir os atos e a ideologia dos terroristas islâmicos com o Islã como tal. Argumentam que o verdadeiro Islã é uma religião pacífica e sugerem que a jihad tem, na verdade, um significado estritamente religioso que é muito diferente de como os terroristas usam essa palavra. Por mais justificada que essa precaução possa ser academicamente, ela é irrelevante, até mesmo equivocada, na situação concreta em que estamos e no que se refere à tentativa de compreendermos o que está acontecendo. Não faz sentido trabalhar com o truque de uma separação radical de diferentes aspectos, atribuindo tudo o que é bom e piedoso a um "Islã verdadeiro" e tudo o que é ruim a um "Islã inautêntico (ou equivocado)" e alternando entre um e outro de acordo com as conveniências. Isso meramente obscurece o assunto e legitima o uso equivocado da palavra "Islã" pelos dois grupos. Três fatos devem ser notados: 1) esses terroristas se professam muçulmanos; eles falam e agem em nome do Islã e para maior glória do Islã; 2) o público em geral, no mundo islâmico, não se dissocia de maneira inequívoca e categórica dos terroristas e de sua alegação de agir em nome do Islã; 3) existem mesmo muitos pregadores nas mesquitas, muitos líderes religiosos islâmicos que abertamente apelam ao ódio e que, assim procedendo, não são contestados nem condenados. O que os terroristas fazem reflete-se, deste modo, no Islã como tal; talvez, é claro, não no "Islã verdadeiro (autêntico, original), como este *deveria* ser entendido", mas certamente no *Islã real.*

O terreno de gestação do terrorismo

Tem sido sugerido que os terroristas seriam a voz das massas pobres e humilhadas, dos perdedores nas mudanças ocasionadas pela globalização. Os pobres não teriam autoconfiança, instrução e experiência suficientes que lhes possibilitassem expressar seus próprios interesses e lutar por eles, que dirá planejar e executar sofisticados ataques terroristas. Alguns membros das instruídas e ricas classes média e alta se levantariam em nome dos pobres, como seus advogados e vingadores, tomando sobre si a causa das massas. Por isso, embora os protagonistas do terrorismo sejam filhos de pais ricos, as verdadeiras raízes do terrorismo islâmico deveriam ser procuradas nas favelas. Os terroristas agiriam no interesse dos pobres. Teriam a elevada missão de chamar atenção para as graves, mas ignoradas, injustiças, uma missão que deriva sua autoridade de um mandato não expresso das massas.

Essa visão, parece-me, é totalmente equivocada. Os terroristas não são os porta-vozes dos pobres, não são os defensores de sua causa. O atual terrorismo islâmico não tem sua origem embaixo, na miséria e nos anseios das massas. O terreno de gestação do terrorismo é o intelecto abstrato. Vem do topo. É cerebral, ideológico. Pelo que se ouve, parece que Osama bin Laden, por exemplo, tem desprezo inequívoco pelas massas. De qualquer modo, o terrorismo não tem suas raízes no solo da miséria material do povo. Não há romantismo tipo Robin Hood. Os terroristas estão mentalmente apartados do povo (embora possam acreditar que estejam representando-o e assumam essa aparência). Como nunca levaram a vida das massas pobres e nunca sentiram as suas aflições, eles não conhecem os verdadeiros pobres, suas necessidades e seu sofrimento, e não têm nenhuma conexão real com os mesmos, o que não exclui a possibilidade de se relacionarem com suas próprias imagens fantasiosas dos pobres. O que motiva os terroristas e os "autoriza" são, por um lado, princípios abstratos e "de poltrona"; e, por outro lado, seu próprio ser interior complicado, suas subjetividades confusas. Eles são idealistas, totalmente obedientes a certas *idéias* e, na verdade, obcecados por elas (tal como o eram os anarquistas, os marxistas-leninistas e outros, durante a primeira metade do século XX).

Mas esse seu idealismo é puramente negativo, destrutivo. É exclusivamente uma luta *contra* algo (o "Grande Satã" –os EUA– ou o Ocidente). Não há idéias construtivas, nenhuma visão utópica de uma sociedade melhor, nenhum plano para a construção de um mundo novo após a destruição do velho. Nenhum pensamento é gasto pelos terroristas islâmicos em relação à ajuda concreta para seus países ou em curar as doenças sociais mais prementes. Há uma concentração completa no objetivo de aniquilar o Grande Satã e os infiéis, e esse objetivo puramente negativo parece ser, *em si mesmo*, um *fim* absoluto. Há, de qualquer forma, um valor positivo *pelo* qual eles *lutam*: Alá, a verdadeira fé. Mas o próprio Alá *deles* é obviamente uma negação[*] abstrata *imediata*, nada positiva, e parece não ser nada mais que a personificação objetivada (hipostática) da própria vontade deles de destruição.

Como a vontade de aniquilar é incondicional, o pensamento ocidental, herdeiro da tradição iluminista, tem grande dificuldade em encontrar um lugar no esquema das coisas para o fenômeno do terrorismo. A mente iluminista, conforme sugeriu Jürgen Kaube,[1] é capaz de imaginar emoções ou afetos razoáveis: os sentimentos de injustiça, ultraje, impaciência. Ela não consegue sondar realmente os afetos que compelem os terroristas: inveja, ressentimento e ódio. São impensáveis. Aquelas outras emoções (injustiça, ultraje e outras, e de forma similar, medo e egoísmo) ainda estão comprometidas e guiadas pela idéia de algum bem. Mas o mesmo não ocorre com os afetos dos terroristas. O comprometimento destes é com a negação absoluta. Quando se está possuído pelas emoções de inveja e ódio, *não se quer* melhorias para si mesmo, não se quer soluções práticas; a satisfação surge quando a situação dos outros piora. Isso confirma a tese acima de que o terrorismo se origina numa esfera diametralmente oposta àquela onde as reais aflições da vida prática, cotidiana, são sentidas: na esfera dos princípios abstratos. Os princípios são absolutos, são produzidos através de purificação, através da abstração de toda a contaminação com interesses sensuais e pragmáticos. Enquanto princípios tais como direitos humanos, justiça e liberdade normalmente têm como objetivo benefícios humanos concretos, o princípio do terrorismo baseia-se em uma noção absoluta e auto-suficiente: a negação como tal, o despojamento *per se* de todos os interesses e propósitos materiais e pragmáticos. O único e verdadeiro absoluto é a negação absoluta. Qualquer coisa minimamente positiva é *ipso facto*

[*] Em contraste com uma negação mediata, a negação da negação.

relativa. Com os terroristas, o laço que normalmente liga cada pessoa aos interesses materiais da criatura humana foi cortado; o que é, a propósito, uma razão de por que eles estão dispostos a considerar seu próprio perecimento.

Se os terroristas islâmicos não são representantes ou advogados do povo comum, há, no entanto, um elemento de representação em sua luta, mas no lado oposto, o lado do inimigo a ser atacado. O terrorismo islâmico é, por assim dizer, uma guerra por procuração. Na verdade, o ódio e o descontentamento dos "filhos" se dirigem aos seus próprios "pais" (não pessoais), os regimes repressivos. Mas "o Ocidente" tem de tomar parte como um bicho-papão. Eles culpam o Ocidente, mas têm em vista o sistema político de seus próprios países, de modo completamente inconsciente, é claro. Assim, embora os terroristas estejam desconectados dos interesses práticos e reais do povo comum e embora o terrorismo tenha sua origem em idéias abstratas, esse afastamento da base material de interesses sociais reais para a esfera de um intelecto abstrato está enraizado e é causado pelas condições sociais muito reais em que cresceram os indivíduos que se tornaram terroristas. O clima geral, na maioria dos países islâmicos, é tal que o povo não tem perspectivas para o futuro, nem individual nem coletivamente e muito menos intelectualmente, no que diz respeito a um desenvolvimento livre das necessidades da mente. Sua mente está asfixiada. Entre os jovens inteligentes, não diretamente absorvidos na luta diária e prática pela existência e receptivos à atmosfera invisível da situação real, há um sentimento de desesperança e de falta de sentido da existência como tal (Nietzsche: "O que se necessita é um objetivo. O que se quer é uma resposta ao 'Para quê?'"). Esse sentimento generalizado, em combinação com a experiência demasiado real de que sua própria situação social é um impasse, cria o anseio por um objetivo *absoluto*: uma vez que a realidade concreta experienciada em seus países de origem não proporciona nem ao menos a possibilidade da *visão* de um futuro satisfatório, a "libido" [energia vital] é totalmente impulsionada para longe do esforço por fins positivos e conduzida para a esfera dos princípios abstratos em sua forma mais extrema, o princípio da destruição absoluta.

C.G. Jung apreendeu essa situação existencial muito bem quando disse (em um contexto diferente): as pessoas "estão simplesmente cheias de tudo, cheias da vida banal, e por isso querem sensações. Até mesmo querem uma guerra; todas elas querem uma guerra. Todas estão satisfeitas quando há uma guerra: elas dizem 'Graças a Deus, agora alguma coisa vai acontecer - algo maior do que nós!'".[2]

O caráter misterioso, extramundano, do idealismo dos terroristas presta-se à auto-interpretação em termos de religião, ou até mesmo a requer. Enquanto os terroristas ostensivamente retrocedem à sua religião tradicional, o islamismo, este é uma religião que foi transplantada de seu solo natal na alma para o gélido mundo dos princípios absolutamente abstratos. Torna-se fundamentalista: uma ideologia religiosa.

A grave situação do Islã e do mundo islâmico

Como todas as religiões de hoje, também o Islã está obsoleto, não mais ajustado à realidade atual. Não corresponde mais ao estado de consciência que foi alcançado e prevalece no mundo. Não está em sintonia com a maneira pela qual a realidade está hoje constituída. A religião simplesmente largou as rédeas. Ela gira no vazio, como um mero *suplemento* da vida.

Não é isso que a religião pretendia ser. Em outras épocas, a religião foi a mais elevada e mais abrangente articulação da verdade da realidade humana. Era capaz de expressar a *profundeza* lógica ou psicológica, de outro modo inacessível, da vida realmente vivida. Estava atualizada, moderna, na vanguarda do desenvolvimento humano, até apontando para o futuro, inspirando novos desenvolvimentos. Mas, atualmente, a religião —no que se refere à sua mais elevada determinação— é uma coisa do passado; não tem mais nenhuma contribuição a dar para as grandes questões de nossa época; a autoridade para a verdade foi transferida para a ciência, a mídia, etc. Mesmo que nem sempre tenha consciência disso em termos subjetivos, objetivamente o homem de hoje superou a religião. Ela funciona apenas como um enfeite privado da vida, como um entretenimento espiritual de lazer, uma mercadoria à venda no mercado do "sentido", e não como a verdade *conhecida* da época e a verdade *universal, pública* de um povo.

Mesmo que o mundo islâmico não o admita, e em grande medida continue num estado de espírito medieval, na realidade ele vive há muito tempo no mundo moderno. O único modo em que a religião poderia sobreviver *legitimamente*, sob as condições da modernidade, seria se ela fosse transformada em assunto privado, objetivamente descomprometido, do indivíduo. Mas se o Islã é mantido como um credo publicamente obrigatório apesar dessas mudanças fundamentais, ele entra em conflito com a verdade da época. E porque ele não é mais verdadeiro (a articulação da verdade interna e a profundidade da vida tal como ela é de fato vivida e constituída) e não fala mais por si mesmo, essa carência de verdade objetiva necessita ser compensada, de um lado, no que se refere à sua forma lógica interna, por um dogmatismo (fundamentalismo) rígido e autoritário, e, de outro lado, no tocante à relação do sujeito com sua própria crença, por um excesso de afeto subjetivo e vontade (fanatismo). Ele se torna regressivo, retrocedendo para trás de si mesmo, tornando-se desta forma mais primitivo do que era originariamente, mais rude, mais violento e esclerosado.

Além do fato de que a religião em geral está desligada de onde a vida se encontra hoje, há um problema adicional com o qual o Islã tem de lutar. Antigamente o Islã esteve na vanguarda do desenvolvimento cultural. Durante a Baixa Idade Média, estava culturalmente muito à frente da Europa em diversos aspectos. Mas há vários séculos está paralisado. Não tem havido nenhum desenvolvimento adicional. Os grandes pensadores progressistas, místicos e poetas do mundo islâmico da Idade Média e épocas posteriores não foram capazes de prevalecer sobre a rígida ortodoxia, a qual ultimamente tem sempre permanecido vitoriosa. É por isso que o Islã, para usar uma expressão radical, não tem nada a oferecer hoje no que diz respeito às grandes questões da época, nem intelectualmente, nem economicamente, nem politicamente. Todos os impulsos e realizações importantes vêm do Ocidente.

A presente superioridade moral, política, econômica e intelectual do mundo ocidental cria um arraigado sentimento coletivo de inferioridade no mundo islâmico, ainda mais por causa da reivindicação, antes justificada mas hoje falsa, de ser uma cultura dominante. Esse sentimento de inferioridade também alimenta os terroristas. Agora, é crucial entender que a inferioridade experienciada é confrontada por uma consciência animada pela "cultura da vergonha". A alma islâmica sente-se humilhada, envergonhada. A vergonha, enquanto violação da honra de alguém, é uma emoção extremamente poderosa, bastante desconhecida no Ocidente moderno, onde o lugar do valor *vital*, *étnico* e *substancializado* da *honra* pessoal ou nacional é ocupado pela idéia *legal abstrata* da *dignidade humana* como tal. A vergonha normalmente exige a vingança como uma reação para restaurar a honra violada. É por isso que o idealismo dos terroristas é (tem de ser) puramente negativo, destrutivo: a restauração da honra perdida de alguém exige a morte do humilhador e não a melhoria da condição do humilhado, não qualquer vantagem prática. Pode até mesmo incluir a obrigação de sacrificar a própria vida (homens-bomba suicidas). A "honra" é um valor absolutamente superior à "vida" ou à "existência", enquanto em civilizações regidas pela idéia de dignidade humana como seu valor máximo existe a tendência contrária de considerar a integridade da "pessoa (personalidade)" exigida por este valor, incluindo também a necessidade da existência física intacta (ou seja, a vida) de cada pessoa. Aqui no Ocidente, existir (não importa como) tende então a tornar-se um valor *absoluto* que seria incompreensível nas culturas étnicas da vergonha.

O mundo ocidental não se sente superior apenas subjetivamente. Ele é objetivamente superior, e não somente por causa de suas realizações culturais e de seu poder econômico, mas também por sua *constituição interna*. Sua superioridade está baseada no fato de que ele é logicamente mais complexo, assim como o organismo multicelular é superior ao protozoário. A mente ocidental deu muitos passos no desenvolvimento e, através disso, continuamente se diferenciou: em lutas difíceis e dolorosas, ela saiu de si mesma (de si mesma como "Idade Média"); superou-se repetidamente em níveis sempre renovados. Através de movimentos tais como a Reforma, as guerras religiosas, a Inquisição contra hereges e bruxas, a superação da Inquisição, o Iluminismo, ela de certo modo separou-se de sua própria carne. Submeteu sua religião, seus costumes tradicionais, sua história e seus valores a uma fundamental crítica histórica, científica e filosófica.

O equivalente a esse desenvolvimento de autonegação e auto-superação não ocorreu no mundo islâmico, onde não se empreendeu um trabalho continuado com base na reflexão crítica sobre sua própria religião, tradição e realidade social. O Islã não dissolveu a unidade ingênua e contínua consigo mesmo, a *participation mystique* com sua própria religião. A luta crítica, na verdade *contra si mesmo* e sua própria ortodoxia, não ocorreu. O Islã não tentou, em seu interior, distanciar-se de si mesmo de modo a poder ver a si mesmo como se fosse de fora. Em vez disso, permanece em um estágio (cultural) "de natureza", como indicam, por exemplo, a prevalência indiminuída das antigas emoções de vergonha e honra (como realidades substanciais, quase "físicas") e expressões tais como "nossos irmãos islâmicos" ou o conceito da *umma* islâmica (uma única "nação" de crentes, apartados de todos os outros povos). Embora o termo "irmãos" não se refira a irmãos naturais, literais, mas seja usado metaforicamente, essa metáfora utiliza a idéia de uma relação natural de sangue e, por isso, transporta (*metapherein*) o pensar em termos de concepções naturais no nível da religião, reafirmando o estágio "de natureza" da consciência mesmo neste nível. *Mutatis mutandis*, o mesmo poderia ser dito a respeito da *umma*. A família imediata, clã ou tribo foi superada, mas tão-somente para ser substituída pela grande "tribo" espiritual de todos os crentes. A *umma* refere-se à unidade concreta de pessoas *naturais*, distinguidas das outras pela *característica empírica* (*positiva*) de serem adeptas do Islã. Em outras palavras, o Islã ainda não se elevou acima de uma consciência tribal para a abstração do "ser humano como tal" e dos direitos humanos. É sob essa luz que uma afirmação atribuída a Bin Laden tem de ser vista, a afirmação de que perante Deus a supressão de um único muçulmano tem mais peso que a destruição do mundo inteiro.

Assim, quando falo da superioridade do Ocidente não estou me referindo a *conteúdos*, mas à *forma lógica ou estado de consciência*, seu grau de diferenciação e complexidade. Não estou de modo algum afirmando que, em termos de conteúdo, o Islã seja inferior ou "pior" que, por exemplo, o cristianismo. Não estou comparando e avaliando os respectivos ensinamentos espirituais dessas duas religiões ou culturas. Já ultrapassamos o estágio em que o "conteúdo" era o critério decisivo e o principal interesse. O que conta hoje é o nível lógico que foi atingido. E, sob esse aspecto, a comparação entre o Ocidente cristão e o mundo islâmico mostra um diferencial considerável.

A conversa sobre um "choque de civilizações" tende a obscurecer o problema essencial, criando a impressão de que essas duas civilizações estão situadas *no mesmo nível*. Mas o conflito real não é entre duas religiões, islamismo e cristianismo, nem entre uma civilização religiosa e outra secular, nem entre duas regiões geográficas (Oriente e Ocidente). É um conflito entre duas civilizações separadas por uma brecha temporal e histórica: o conflito entre "Idade Média" e "Modernidade", como dois estágios lógicos de consciência. Poder-se-ia, é claro, tentar conceber a Idade Média e a Modernidade como duas opções (para estilos culturais) lado a lado, apesar do fato de que o tempo as separa (e a nós da Idade Média) objetivamente, mas isso não funciona porque a Modernidade é, em si mesma, a Idade Média negada e superada. Em outras palavras, a brecha temporal é ao mesmo tempo uma brecha lógica.

É precisamente por isso que o Ocidente é visto como tão ameaçador por fundamentalistas muçulmanos. Não é tanto o poder político e econômico nem a conduta real dos países ocidentais em relação aos Estados islâmicos o que mais profundamente preocupa a alma islâmica. Mais precisamente, é a vaga, porém correta, sensação de que a civilização ocidental como tal, antes mesmo de ter feito qualquer coisa em particular, *é* a negação lógica corporificada do estado de espírito medieval que anima o Islã de hoje. A mera existência da civilização ocidental é o lembrete constante da auto-reflexão e da autocrítica omitidas pelo Islã e da iminente negação lógica interna que necessariamente resultaria dessa auto-reflexão. É por isso que, em última análise, o Ocidente é "O Grande Satã" que, aos olhos dos terroristas, necessita simplesmente ser extinto.

O fato de que a influência do Ocidente —com seu capitalismo, tecnologia, indústria e ciência, idéia abstrata de leis, turismo e consumismo, "digitalização", feminismo e liberdade sexual, etc.— também significa, em termos mais práticos, a aniquilação das estruturas sociais e valores tradicionais é meramente a concretização da ameaça lógica fundamental. De fato, os valores de uma vida organizada em torno de relações étnicas e pessoais e costumes tradicionais não podem persistir, e nem o pode a proximidade das sociedades tradicionais à natureza que transmite uma sensação de encaixamento no mundo. Os sinais subseqüentes de desintegração, a alienação, o sentimento de não ter um lar no mundo, a arbitrariedade resultante de uma sociedade aberta, sem mencionar a perda do poder masculino e a possível perda resultante de poder econômico do lado masculino da sociedade devido à emancipação das mulheres, criam naturalmente ansiedades fundamentais e, como meio de defesa, a condenação moral do estilo de vida ocidental como "decadente", "perverso", e do Ocidente como um mundo habitado por "infiéis".

Esses temores não são encontrados exclusivamente entre povos islâmicos. Existem muitos oponentes da globalização mesmo no Ocidente, que partilham algumas dessas ansiedades e julgamentos com os fundamentalistas e os terroristas islâmicos.

AS IMPLICAÇÕES E A RESPOSTA À INFERIORIDADE SENTIDA

A experiência da própria inferioridade geralmente implica a necessidade de superá-la construtivamente. O simples fato de seu encontro com o mundo ocidental moderno, um mundo logicamente mais complexo – em sua constituição interna–, apresenta ao Islã uma responsabilidade: a obrigação de fazer o dever de casa para alcançar uma diferenciação lógica equivalente. Esse trabalho não se resume à imitação da cultura ocidental nem à sua importação. É a tarefa de uma tentativa conscienciosa e paciente para chegar intelectualmente a um acordo com o Ocidente. Em primeiro lugar, é a tarefa de aceitar positivamente, como um desafio, as diferenças óbvias entre o mundo ocidental e o mundo islâmico; em segundo lugar, e acima de tudo, é a tarefa de passar por um processo equivalente de auto-reflexão crítica com vistas a atualizar a si mesmo, com sua própria força e em seu próprio terreno, e assim voltar a tornar-se verdadeiramente criativo. Em certo sentido, a jihad contra "o perverso mundo ocidental" e contra "os infiéis", proclamada pelos muçulmanos em todo lugar, é análoga às guerras religiosas, à fanática perseguição aos

---

(*) Assim como inúmeros fatores e motivações diferentes se combinaram para tornar possível o fenômeno histórico da Inquisição (zelo religioso, interesses políticos, problemas psicológicos pessoais, avidez por poder e dinheiro) e assim como o fervor da Inquisição tinha o caráter de um "complexo de tonalidade afetiva", também a jihad dos terroristas de hoje certamente combina dentro de si impulsos múltiplos.

hereges e à queima de bruxas que tivemos na Europa séculos atrás.(*) Ou melhor, é o análogo de um estágio mais anterior, aquele das Cruzadas, que foi o verdadeiro começo do longo processo europeu de integração do "Outro".[3] O mundo islâmico ainda encontra-se no estágio de desenvolvimento histórico que o Ocidente já superou há muito tempo. A luta crítica com sua própria ortodoxia, o trabalho de superar-se a si mesmo através de um processo de auto-reflexão e autonegação ainda precisa ser assumido pelo Islã. Porém, de modo geral, esse trabalho tem sido negligenciado pelo mundo islâmico; mais do que negligenciado: foi e continua sendo substituído pela teimosa dependência do passado glorioso, por um lado, e, por outro, pela transformação do Ocidente em um bicho-papão que seria o culpado da miséria deles. O que poderia ser um desafio produtivo é transformado em ódio, raiva e no desejo de destruição. Aqui é útil vermos quão diferentemente, quão *produtivamente* os países do leste asiático (Japão, Taiwan, Coréia e agora a China) reagiram ao encontro com o Ocidente.

O poeta libanês Abbas Baydoun parece pensar de forma semelhante. "Mesmo que a nossa acusação de que os Estados Unidos exploram nosso sofrimento e nossa inépcia não seja errônea, nós, apesar disso, não criamos a coragem de fazer um esforço equivalente para reconhecer nossa própria responsabilidade no que diz respeito às razões desse sofrimento. É uma responsabilidade que cresce a cada dia. Sempre preferimos nutrir um pequeno tirano dentro de cada um de nós, que posterga qualquer prestação de contas a nós mesmos e aos outros até que a vingança histórica contra o Ocidente se tenha cumprido — por menor que seja a esperança de que isto vá ocorrer. (...) Possivelmente muitos entre nós rezam para que o racismo do Ocidente e a paranóia americana cresçam, pois deste modo teríamos outra desculpa para não olharmos no espelho. Assim poderíamos novamente mergulhar na idéia delirante de uma opressão coletiva, de modo a nos pouparmos da visão de um rosto terrível, o rosto de um outro Islã, o Islã do isolamento e da violência arbitrária que gradualmente leva vantagem e que logo, à medida que nos dirigimos para o clímax de nosso delírio, tornar-se-á nosso verdadeiro rosto."[4]

É bem mais fácil recorrer a ressentimentos e culpar os outros pela condição insatisfatória em que nos encontramos do que fazer nosso dever de casa; é bem mais fácil recorrer a slogans e respostas simplistas para questões complexas do que engajar-se numa luta intelectual demorada e detalhada com os problemas colocados pela existência do mundo moderno; é bem mais fácil "atuar" (jogando bombas) do que *erinnern* (interiorizar-se, integrar-se). Os terroristas, de qualquer maneira, preferem o fanatismo ao trabalho intelectual, preferem transformar alguém em objeto odiado e digno de destruição a trabalhar sobre "*si mesmos*": sobre sua própria religião, sua tradição cultural e suas condições políticas.

O fanatismo é uma "formação substitutiva", mais no sentido freudiano. Em termos lógicos, ele é, conforme assinalado acima, a substituição do excessivo afeto subjetivo e desejo pela verdade[*] "objetiva" que está ausente do sistema de crenças de alguém; e, em termos práticos, ele é a substituição da "atuação" de alguém pela obrigação omitida e recusada de fazer o seu dever de casa. No plano pessoal, equivale a um tipo de lavagem cerebral. Algo está destruído na personalidade. Ela não está mais viva, aberta, flexível, não é mais humana no pleno sentido da palavra; ela funciona de modo monomaníaco tal como uma máquina programada. "Quando um soldado lutou ou até mesmo matou numa guerra, fica cansado em algum momento; em algum momento ele quer voltar para casa. Isso significa que cada pessoa que responde por si mesma não pode ser permanentemente um terrorista ou um assassino. Os Atta e os Bin Laden, no entanto, funcionam de forma diferente – neles, a vida e o fluxo dos sentimentos foram interrompidos e estes sentimentos viraram mísseis"[5] (Alexander Kluge).

---

[*] Quero lembrar ao leitor que, quando falo de uma "verdade ausente", estou me referindo tão-somente à discrepância existente entre a forma do sistema subjetivo de crenças de uma pessoa e a forma da consciência moderna enquanto realidade objetiva. Não estou fazendo nenhum comentário sobre os conteúdos de nenhuma religião ou sistema de crenças *in abstracto*.

POR QUE OS ESTADOS UNIDOS?

É notável que o ódio público, repetidas vezes e unilateralmente, defina como seu objeto favorito os EUA. Foi assim mesmo durante a Guerra Fria, quando a União Soviética também teria servido de inimigo odiado para os povos do Terceiro Mundo, bem como para os seguidores do movimento pacifista no Ocidente. É estranho, mas também não houve qualquer considerável demonstração anti-russa por causa da Chechênia. São sempre os EUA o alvo da raiva. Isso sugere um ressentimento contra aquilo que os EUA representam como país e como cultura; um ressentimento que não é causado por quaisquer questionáveis ações políticas ou militares específicas realizadas pelos EUA, mas dirigido especialmente à *idéia* "Estados Unidos" em si. Aqui temos de fazer a nós mesmos uma pergunta específica: por que existe um ódio tão apaixonado contra os EUA não só entre os terroristas islâmicos, como também em grande parte das massas nos países islâmicos? Embora os EUA nunca tenham sido uma potência colonialista nas regiões árabes, muito mais ódio é dirigido contra eles do que contra a França ou a Grã-Bretanha, países que foram senhores coloniais nessa parte do mundo.

Uma razão talvez seja que os EUA, por serem a ponta-de-lança do progresso e da modernidade, a sociedade mais dinâmica e produtiva, também tenham de arcar com o peso completo do ressentimento nascido daquele sentimento de inferioridade islâmico que discutíamos.

Outra razão poderia ser que o ódio árabe contra os EUA seja baseado no tradicional ódio dos árabes pelos judeus. Os EUA costumam dar apoio quase incondicional a Israel, e o *establishment* e o governo norte-americanos estão fortemente expostos à influência judaica. Nova York é a cidade com a maior população judaica do mundo. O anti-semitismo agrega um fardo adicional aos sentimentos de ódio já existentes e talvez seja o responsável pela mitificação dos EUA como o "Grande Satã": é bem possível que o anti-semitismo explique a qualidade religioso-numinosa da jihad terrorista contra os EUA. Essa qualidade numinosa, por sua vez, ajudaria a explicar a disposição de tantos terroristas para servir como bombas-suicidas.

Até certo ponto, a raiva contra os Estados Unidos também é causada pelo seu oposto: a idealização dos EUA, pelo fato de ser um país mensurado por padrões bem mais elevados e estritos que qualquer outro. Os EUA não são apenas a única superpotência atual e uma fantástica história de sucesso, mas também um país que professa a liberdade, a independência, a democracia e os direitos humanos como valores supremos; e um país que representa tais valores para povos de outros países que muitas vezes projetam sobre ele suas aspirações. O fato de que a política dos EUA com muita freqüência contradiga esta imagem idealizada representa um desapontamento terrível. Nunca perdoamos nosso modelo quando ele não corresponde às nossas expectativas. Em parte, a política dos EUA é míope ou indiferente; em parte, ela viola princípios publicamente reconhecidos para obter vantagens ideológicas ou econômicas; os EUA apoiaram regimes corruptos e autoritários, e também fornecem armas e minas terrestres a grupos rebeldes questionáveis, causando grande sofrimento à população em geral.

Qual deveria ser a reação do Ocidente?

Falando de forma geral, a resposta ao terrorismo islâmico terá de ser dupla: a) internamente, o Ocidente tem de aceitar o desafio colocado pelo terrorismo islâmico e fazer o *seu* dever de casa; b) externamente, o Ocidente tem de defender o que ele representa.

O dever de casa a ser feito inclui a retificação da injustiça aos palestinos (por exemplo, a violação de várias resoluções da ONU e a constante humilhação e importunação a que eles estão sujeitos tanto individualmente quanto como povo). A injustiça contínua é uma chaga supurada que se combina com a *racionalização* dos sentimentos de inferioridade, humilhação e vergonha, os ressentimentos e ódio resultantes, e o desejo de vingança são os que movem os terroristas — embora não sejam a razão e a causa reais do terrorismo islâmico.

Outro aspecto do dever de casa a ser feito pelo Ocidente consiste em reavaliar suas políticas, tendo em vista torná-las menos míopes e mais coerentes com os seus próprios princípios de democracia, liberdade e direitos humanos. É inaceitável interessar-se somente por seu próprio lucro rápido ou vantagem tática, ao mesmo tempo em que se ignoram os efeitos de longo alcance e o contexto mais amplo das próprias ações; é inaceitável apoiar regimes autocráticos ou criminosos em troca de benefícios ideológicos ou econômicos, como freqüentemente ocorre. Em especial, o Ocidente também tem de perceber que a breve interferência militar em uma região, transtornando o tradicional cenário local e depois abandonando essa região à sua própria sorte, significa ignorar a responsabilidade inerente pelas conseqüências de sua interferência; acima de tudo, a responsabilidade de fazer tudo o que estiver a seu alcance para garantir que a operação se torne um sucesso duradouro.

No que diz respeito ao segundo aspecto da resposta do Ocidente ao terrorismo islâmico (a resposta externa), uma idéia expressada repetidamente por muitos ocidentais bem intencionados é a de engajar-se, no plano mental e psicológico, em um intenso "diálogo de civilizações", e, no plano econômico prático, desembolsar mais ajuda para o desenvolvimento e assegurar uma distribuição mais justa da riqueza. O diálogo em si é sempre bom, e a tarefa do futuro será certamente um "diálogo de civilizações" (entre o Ocidente e as civilizações da África Negra, os países islâmicos, o Extremo Oriente, etc.). Mas esse é um projeto de longo alcance e seria ingenuidade esperar que o problema imediato do terrorismo islâmico fosse solucionado desse modo. Além disso, a proposta de um diálogo poderia, neste caso, até mesmo ser um erro, pois ela ignora o fato de que o problema por trás do terrorismo islâmico é o conflito objetivo entre dois diferentes *estágios históricos* de desenvolvimento cultural ou estados lógicos de consciência. Um diálogo significativo exige que ambos os lados estejam no mesmo nível, o que não é o caso aqui. Ao defender um diálogo desse tipo, cria-se a falsa impressão de que não houve nenhuma lacuna histórica entre as duas civilizações. Além disso, o terrorismo como tal impede o diálogo. Da mesma forma que os próprios terroristas nunca estariam disponíveis para um diálogo, assim também não estaria a alma humilhada e envergonhada da pessoa comum nos países islâmicos, uma alma que anseia restaurar sua honra através da vingança.

A outra sugestão (ajuda financeira, distribuição mais justa da riqueza) também parece ser fora de propósito nesse contexto. A ajuda do mundo ocidental apenas aprofundaria o sentimento de humilhação e vergonha. A vergonha não quer ajuda nem melhoria, mas vingança, morte, destruição. A distribuição desigual da riqueza não é o real problema por trás do terrorismo islâmico. O problema é a lacuna histórica entre a consciência objetiva inerente ao mundo moderno, no qual os muçulmanos também vivem, e a consciência subjetiva a que eles ainda se agarram. E é o dever de casa omitido que essa brecha realmente necessita.

Particularmente inapropriada é a proposta de alguns grupos do Ocidente de que os países ocidentais peçam desculpas ao Terceiro Mundo pelo colonialismo de outrora. Isso apenas legitimaria o complexo de inferioridade e os sentimentos de vitimização.

Outro erro grave, na minha visão, é a investida feita pela Quinta Conferência Internacional do "Fórum 2000", em Praga, convocado por Vaclav Havel: a investida rumo a uma sacralização da política no sentido de uma "ética mundial". De acordo com as reportagens jornalísticas, supõe-se que Havel exigiu uma "grande coalizão espiritual", uma "globalização do bem", porque "chegou a hora daqueles seres humanos que se sentem responsáveis pelo futuro da humanidade neste planeta". Uma resposta conjunta à "globalização do mal" é requerida, disse Havel.[6] Esse é um movimento em falso. A "sacralização" proposta cai na armadilha dos terroristas islâmicos. *Eles* pensam em termos de sacralidade ("o Grande Satã"). Nos países islâmicos, um dos maiores problemas é a tendência rumo à politização da religião e a sujeição da política e de toda a vida social à (assim chamada) religião, que deste modo se torna totalitária e se transforma em uma ideologia. Sob as condições da modernidade, a religião somente é tolerável se conhecer o seu lugar: se ela souber que tem o status de nada mais que um passatempo privado. Não importa muito se, ao sacralizar a política, a pessoa representa o Bem ou o Mal; o importante é que haja uma superação total desse tipo de sacralização, dessa mistificação que ocorre quando a pessoa infla os conflitos de interesses humanos concretos em uma luta entre o "Bem" e o "Mal". De acordo com a nossa tradição do Iluminismo, nosso pensar e agir têm de se tornar mais pragmáticos ao invés de carregados com palavras de poder numinoso. Não necessitamos de uma "ética mundial" floreada; necessitamos de melhores leis internacionais e de instituições para a aplicação efetiva das mesmas. Toda a superestrutura ideológica, moralista e numinosa tem de ser compreendida e abandonada.

Enquanto não houver leis internacionais suficientes nem agências internacionais efetivas para sua execução, as ações guerreiras serão inevitáveis. Aqui eu gostaria de me opor ao repúdio à violência que prevalece na Europa atualmente. Em alguns casos, a violência é a reação *preferida*. Por exemplo, em seu raciocínio sobre a luta contra o terrorismo, os pacifistas idealistas iniciam pelo topo, pelas idéias e ideais, pelos seus desejos e esperanças. Eles não levam em conta a existência imensamente real e inabalável do movimento terrorista, enraizado no subsolo das emoções mais profundas e mais passionais. Temos de nos manter fiéis à terra. Discernimentos melhores, boas intenções, bom exemplo e gentilezas amigáveis são insuficientes. Alguns conflitos têm de ser enfrentados e resolvidos através de luta. Certas atitudes existentes, que estão obsoletas ou são falsas, freqüentemente não podem ser superadas através de diálogos, instruções e aprendizado com os outros. Essas atitudes necessitam ser *realmente* resolvidas através de sofrimento *real*: a própria experiência da pessoa de seu fracasso factual e da necessidade concomitante de uma rendição incondicional ao estado de consciência atualizado. O comunismo não foi superado através de discussões, mas através do óbvio colapso factual da União Soviética, exatamente como décadas antes o nacional-socialismo foi superado através de sua derrota total na Segunda Guerra Mundial. Temos de aprender o caminho difícil, de acordo com a máxima "Zeus que nos conduz no caminho da sabedoria": *páthei máthos* ("tendo aprendido [ou se tornado sábio ou se tornado consciente] através do sofrimento").[7] Somente então a velha atitude foi de fato (em ação, em fato, na carne, objetivamente) superada (e não meramente de modo superficial, "teórico" e subjetivo) e o preço para se libertar dessa atitude foi totalmente pago. E a nova atitude também tem de ser adquirida pelo caminho árduo, a partir do zero e passo a passo, de modo a enraizar-se na realidade do ser completo. Ela não pode ser simplesmente importada, tal como na escola, onde grande parte do conhecimento disponível é "importado" pela mente dos alunos.

O TERRORISMO COMO PARTE INTEGRANTE DO MUNDO MODERNO

Ao concluir, gostaria de fazer dois breves comentários sobre a "mensagem" que o fenômeno do terrorismo em geral (não apenas o terrorismo islâmico em particular), no mundo moderno, tem para nós. Esse fenômeno revela a vulnerabilidade *fundamental* do mundo moderno; fundamental por ser uma vulnerabilidade dentro do sistema. Nesse sentido, o terrorismo assume seu lugar entre uma série de fenômenos que manifestam o estado atual da constituição da realidade. O nível de entidades concretas, tangíveis, nas quais o Outro antes costumava aparecer (tal como durante as guerras convencionais, com dois exércitos se defrontando face a face, aberta e francamente) está obsoleto. Agora, o "inimigo" ataca o próprio sistema de forma insidiosa e intangível a partir de dentro: no caso dos indivíduos, através de enfermidades auto-imunes e doenças como Aids e câncer; na sociedade da informação, através de vírus de computador; politicamente, através do terrorismo (ver os chamados "adormecidos").

Não se pode estar sempre em guarda e preparado para tudo. Tal como ocorre com o sexo sem camisinha, a atenção cuidadosa em milhares de casos não é garantia para o futuro; uma simples e insignificante falta de vigilância pode ser a abertura através da qual a catástrofe se introduz. Em um mundo governado em grande parte pelo desejo de controlar tudo para obter segurança total e garantida, o terrorismo nos lembra da vulnerabilidade que faz parte do estar vivo e lhe é essencial.

O segundo comentário refere-se a uma característica geral da nossa época: a caixa está destampada; todos os espíritos malignos estão soltos. Modernidade significa vida em uma sociedade verdadeiramente *aberta*. O estágio monetário da consciência, com seu abstrato absoluto, sua atomização (individualismo) e sua cultura do "Agora!", minou todos os escrúpulos morais, restrições, laços e o sentimento de solidariedade e responsabilidade pelo bem-estar comum. Com o fim da Guerra Fria – que, com sua ameaça nuclear, foi capaz de recolocar a tampa uma última vez–, a última restrição objetiva foi removida. Agora a existência humana foi liberada de forma absoluta.(*) O impensável agora se tornou pensável.

(*) Falo aqui de um nível ontológico ou lógico fundamental, o nível da existência humana como tal, não do nível empírico ou pragmático da experiência individual, pessoal. A maioria dos indivíduos (enquanto egos) ainda é restringida por coações morais. Mas não a alma do homem.

O pessoal da Cruz Vermelha já não está mais a salvo. Ninguém, nem os pistoleiros malucos, nem os terroristas, se importa com os civis que não estão envolvidos no conflito. Ninguém mais conta com o desejo natural de sobrevivência dos terroristas. A condição sob a qual usinas de energia nuclear eram consideradas seguras deixou de ser válida. Crianças pequenas sofrem abuso sexual e são assassinadas. Atentados terroristas com armas biológicas, químicas ou nucleares não podem ser evitados. A fantasia de que poderíamos viver em um "Jardim da Existência Humana" se desvanece. Estamos de novo vivendo na selva.

A Motivação dos Terroristas

Adolf Guggenbühl-Craig

Os atos terroristas parecem contradizer nossos conhecimentos da psicologia humana. Em regra, nós, seres humanos, desejamos viver e temos medo de morrer. Mas esse não aparenta ser o caso dos terroristas. Eles não só estão prontos para destruir e matar, como estão preparados para morrer, sacrificando-se. Com a intenção de matar os outros, eles também explodem a si mesmos.

No que diz respeito a alguns fundamentalistas religiosos, tornar-se um "homem-bomba suicida" é uma decisão "racional". Morrer numa guerra santa, morrer a serviço de um deus garantiria a entrada imediata no paraíso.

As recompensas da guerra santa não são novas: nas Cruzadas os guerreiros eram absolvidos de seus pecados no início da batalha – eles eram "salvos". Muitos muçulmanos fundamentalistas crêem que lutar por Alá lhes garante um lugar no paraíso. Com base nessas promessas, parece ser uma decisão bastante razoável morrer a serviço de Deus, de Alá, etc.

Mas a promessa do "paraíso imediato" não é válida para todos os terroristas: alguns não são fundamentalistas religiosos. Além disso, se um terrorista tiver o mais leve sentimento pelos outros seres humanos, matar centenas ou milhares de pessoas seria um preço alto demais a pagar pelo paraíso.

A psicologia profunda nos mostra algumas das motivações mais profundas para os atos daqueles terroristas que se matam para matar os outros.

Freud escreveu um livreto chamado *Além do Princípio do Prazer*. Nessa obra ele postula que há dois instintos básicos nos seres humanos: Tânatos e Eros, o instinto de morte e o amor pela vida. O amor pela vida é fácil de compreender e perfeitamente aceitável. Mas o que dizer desse estranho instinto de morte? O instinto de morte implica que temos uma pulsão e um anseio pela morte, por nossa própria morte e pela morte dos outros. A idéia do instinto de morte parece ter surgido com Sabina Spielrein, uma das primeiras pacientes de C.G. Jung. Aparentemente Freud adotou essa idéia sob a influência da Primeira Guerra Mundial, quando milhões de homens jovens voluntariamente se sacrificaram e mataram milhões de inimigos. Os seres humanos, "além do princípio do prazer", parecem estar continuamente divididos entre Eros e Tânatos.

A idéia do instinto de morte foi rejeitada pela maioria dos freudianos. Ela parecia ser completamente contrária às leis da natureza, contrária às duas únicas leis que governam toda a vida biológica: sobreviver e reproduzir-se.

Por estranho que pareça, Jung apresentou uma idéia similar ao instinto de morte. Ele disse que no âmago da nossa sombra —no centro arquetípico— está o maníaco suicida e assassino.

Assim, esses dois pais fundadores da moderna psicologia profunda suspeitavam que a morte exerce tanta atração para os seres humanos quanto a vida. A história da humanidade certamente demonstra que essas idéias não estão de todo erradas. Desde que a história humana é registrada, observamos o fenômeno de que os homens —e, por vezes, também as mulheres— estão prontos para se sacrificar com entusiasmo ou entregar-se a massacres. *Dulce est pro patria mori*. No início da Primeira Guerra Mundial, milhares de jovens europeus marcharam entusiasticamente rumo às batalhas mais mortíferas. No Japão, durante a Segunda Guerra Mundial, milhares de homens jovens se apresentaram como voluntários para servir como pilotos camicases. É impossível descrever ou mencionar todos os exemplos de onde e quando os seres humanos sacrificaram alegremente a si mesmos ou cometeram massacres – há muitíssimos, sendo os mais recentes os de Ruanda, Camboja, Rússia stalinista, Alemanha nazista, etc., etc.

Fenomenologicamente é difícil não ver que, sob certas circunstâncias, a autodestruição e o assassinato dos outros parece exercer um apelo muito forte. Mas por sorte, na tensão entre Tânatos e Eros, geralmente é Eros quem domina. A tensão entre essas polaridades de vida e morte, no entanto, nunca é fácil de suportar.

O terrorismo é uma solução singular para o conflito entre Tânatos e Eros. Em nome de Eros, em nome de alguma causa nobre, o indivíduo pode matar e destruir os outros e a si mesmo. Quando os papéis estavam invertidos na história das relações entre cristãos e muçulmanos, os cruzados cristãos exprimiam seu instinto de morte assassinando milhares de muçulmanos (e judeus) e exprimiam seus impulsos suicidas sacrificando-se pela conquista da Terra Santa. Hoje, os terroristas islâmicos agem como homens-bomba suicidas para destruir civis e soldados e alcançar o status de mártires para seu deus. Aparentemente, os "objetivos nobres" tornam possível a união do instinto de morte com Eros. A tensão impossível entre Tânatos e Eros é resolvida em um momento explosivo e extático.

As religiões cristã e muçulmana de hoje reconhecem indiretamente o instinto de morte: nos Dez Mandamentos é dito "Não matarás". Proibir algo significa que o impulso ou a ação é obrigatoriamente tentador. Não há necessidade de proibir alguma coisa que ninguém tem o desejo de fazer. A religião cristã diz expressamente: não exprima o instinto de morte. Diz também: tente exprimir Eros, tente "amar teu próximo como a ti mesmo". Os Dez Mandamentos nos pedem para tolerar e manter sob controle a tensão entre Tânatos e Eros. Contudo, Tânatos estende-se para além das pulsões homicidas. A hipótese de Freud sobre o instinto de morte lembra-nos de que não temos apenas impulsos de matar, mas também de morrer. De modo similar, a hipótese de Jung sobre o arquétipo da sombra reconhece os desejos assassinos e suicidas. As pesquisas psicanalíticas, portanto, podem nos ajudar a compreender todo o espectro da violência terrorista contra si mesmo e contra os outros.

Minhas reflexões mostram que os motivos que levam ao terrorismo são uma fusão entre Eros e Tânatos. Minhas reflexões mostram também que os terroristas são seres humanos como nós, que eles têm basicamente os mesmos tipos de problemas psicológicos e são governados pelos mesmos arquétipos que nós, nesse caso os arquétipos polares de Eros e Tânatos.

A psique humana é extremamente complexa. Nossos instrumentos intelectuais, na verdade, não são capazes de lidar adequadamente com a psique humana. Nossas tentativas de lidar intelectualmente com a psique só são possíveis quando fazemos simplificações. A hipótese de que os dois instintos mais profundos em nós são o instinto de morte e o instinto de vida, Tânatos e Eros, é obviamente uma simplificação.

Tânatos e Eros são conceitos, são palavras, talvez imagens. Uma palavra é usada para nomear algo extremamente complicado. A psicologia está apenas no começo e tenta descrever a psique humana com categorias muito primitivas, expressas por palavras. Somente quando, com o tempo, a psicologia se tornar menos primitiva seremos capazes de tirar as conclusões necessárias e lidar com mais sucesso com o fenômeno do terrorismo, que é realmente um fenômeno psicológico.

Ao contrário do estudo de outros arquétipos, o estudo de Eros e Tânatos provavelmente jamais nos presenteará com indicações. Ele nos presenteará com mistério – não porque tenhamos compreendido mal devido a algo que saiu errado em nosso estudo, mas porque atingimos o âmago da questão: Eros e Tânatos são mistérios. Podemos entender os terroristas a partir de um ponto de vista político. De uma perspectiva psicológica, o cerne da motivação deles permanecerá um mistério para nós, e talvez até para eles mesmos. Conservando o terrorismo dentro do círculo humano –uma função de Eros–, manteremos pelo menos o potencial para o diálogo.

Não sei como usar minhas reflexões para lidar de modo concreto e prático com o terrorismo. No entanto, como analista, creio que qualquer progresso na compreensão do ser humano ajuda-nos a tolerar e manter sob controle as enormes tensões dos nossos tempos.

O Terror e o Templo

Victor-Pierre Stirnimann

Pensar é esquecer diferenças.
JORGE LUIS BORGES

Todos aqueles como a gente são Nós, e todos os outros são Eles.
RUDYARD KIPLING

Confundir-se sobre o que é diferente e o que não é,
é confundir-se sobre tudo.
DAVID BOHM

Há tantos mundos, e eu sequer conquistei um.
PLUTARCO

Os tempos que se seguem a uma catástrofe são marcados por excesso; excesso de informações, emoções e idéias. É possível que seja ainda muito cedo para que possamos refletir a contento sobre vários dos temas em questão: sobre os fundamentalismos, por exemplo, onde todos são soldados e todas as fronteiras são internas; sobre as diferenças religiosas, sobre a ignorância. Mas, ainda assim, talvez exista uma contribuição a fazer, em especial no que diz respeito a esse novo gênero de terrorismo –que muitos têm chamado simbólico–, e que parece central para compreender o que há de singular no que vem acontecendo. Nesse cenário, ganha relevo uma visão psicológica que se mantenha aberta para novas vertentes de sentido e que reconheça nos movimentos coletivos a expressão dos mesmos mistérios que animam a trama de nossa intimidade. Um viés que supere a velha convenção de um raciocínio individual e linear, e que seja capaz de interpretar a História como um sonho, sonhado e que a todos nos sonha. Em vez do sujeito, a rede; em vez da linha, o holograma.

Budas

Vamos começar com uma afirmação direta: a destruição das duas grandes estátuas de Buda no Afeganistão, em março de 2001, pode ser entendida como o prenúncio dos ataques às Torres Gêmeas, seis meses depois. Paralelo impertinente, diz-nos um primeiro exame; para além da aproximação ingênua entre as imagens, da superfície de uma analogia vertical, o que mais teriam em comum esses eventos? Eles não compartilham a mesma escala nem, certamente, as mesmas conseqüências. Para completar, os responsáveis também são distintos – e com isso os que defendem a suficiência ou materialidade das causas encerram a discussão. Um olhar mais habituado à decifração, porém, já distingue um possível fio condutor, e este nos convida a investigar mais a fundo os antecedentes históricos daquelas estátuas.

O que hoje é o Afeganistão e a Caxemira já foi um centro da escola budista *Sarvastivadin*, e ali teriam sido esculpidas as primeiras estátuas de Buda. Pois a tradição religiosa, durante séculos, não costumava representar o Buda em forma humana; faziam-se para ele e seus ensinamentos apenas representações que fossem abstratas ou alegóricas. Tudo isso mudou, entretanto, a partir do quarto século a.C., quando a região foi invadida por Alexandre, o Grande. A escola *Sarvastivadin* (nome que significa literalmente "tudo-existe") absorveu a influência grega, resultando na representação helênica do Buda: esculturas de figuras humanas, belas e serenas. Foi o nascimento do estilo *Gandharan*, e imagens semelhantes espalharam-se rapidamente por toda a Ásia.

Na verdade, a influência grega teve um significado bem mais sutil do que a literalidade dos traços humanos. O que os invasores trouxeram consigo foi todo o destino por trás da palavra *kolossós*. Antes de o termo adquirir o sentido tardio de *grande estátua*, os *kolossoí* eram pequenos bonecos feitos de madeira ou argila, criados para representar nos rituais os que estivessem mortos ou ausentes – não como imitações, mas como substitutos.[1] Por isso, também, não importava ao século IV a.C. que ninguém mais pudesse apresentar um retrato historicamente fiel do Buda. O sentido das estátuas era o de gerar presença, oferecer uma abertura por onde se manifestasse o invisível. Em suma: simbolizar.

Portanto, as estátuas/colossos que explodiram em março de 2001 representavam bastante, em termos de história da cultura: eram um produto dos primeiros contatos entre duas civilizações, Ocidente e Oriente. Concebidos no espírito tolerante de que "tudo-existe", sobreviveram até a chegada ao presente e à lei taleban – quando se tornaram, de súbito, uma ofensa ao fundamentalismo islâmico.

A idolatria é proibida no Islã, certamente, mas indícios sugerem que naquele impulso iconoclasta havia mais do que transpareceu à primeira vista. As estátuas não eram cultuadas há séculos, portanto não representavam maior ameaça; na verdade, eram pouco mais do que vestígios de um passado esquecido. Depois: se o radicalismo e a religiosidade foram de fato as únicas razões para explodi-las, por que transformar a demolição num evento da mídia mundial? *Eram só pedra*, como disse, supostamente, o mulá. Mas o mulá também disse, quando instituições do Ocidente ofereceram-se para comprar as estátuas: *preferimos ser lembrados como destruidores de estátuas, e não como seus vendedores*.

Não, aqui havia uma lógica maior operando, destruidores contrapostos a vendedores – é bem possível que os Budas só se tenham tornado uma real questão a partir de um momento específico, o momento em que os líderes do Taleban puderam perceber sua importância à luz da mentalidade ocidental. Se preferiram destruí-las, em vez de tirar proveito das regras hegemônicas de comércio e intercâmbio, foi porque se tratava de uma mensagem. Queriam realizar um ato simbólico e visavam a um público. Podemos descrevê-lo como um ato de autodestruição cultural; mas também como um ato de terrorismo voltado contra o Ocidente, um ataque visando a algo de grande valor simbólico para seus adversários.

Pois o Ocidente continua construindo museus e consumindo mercadorias do espírito, como se pudéssemos extraí-las de seu tempo e lugar – na verdade, como se as preferíssemos quando distantes de seu contexto histórico. Vistos pelos olhos do Taleban, ao contrário, os dois altos Budas até poderiam continuar esquecidos como mera pedra, indignos de maior atenção – afinal, o antigo culto que os gerou já estava morto. Não, esse foi um ataque terrorista, perpetrado através da imolação pública de um corpo simbólico.

Eis aqui um primeiro paradoxo: com toda a nossa tecnologia de comunicações, foi através da destruição do World Trade Center, apenas seis meses depois, que aprendemos de novo o que "tempo real" e "ao vivo" de fato significam – que museus são ficções. Destruindo pilares e ícones de uma ordem mundial ainda efetiva, os terroristas suicidas criaram um evento que perfurou a rede da indiferença e despertaram o devir histórico de seu torpor. Quanto a nós, redescobrimos que ela –a História– não nos pede licença, e que todo evento imortal se autopostula, pela crueza de seu impacto.

Valeria a pena, a esta altura, recuperar as observações proféticas e sugestivas publicadas num jornal militar do Usbequistão, o *Vatanparvar*, em 3 de março de 2001 – alguns dias antes da explosão dos Budas. O autor, A. Karimov, denunciava a intenção do Taleban de explorar o que ele definia como a fraqueza dos países do Ocidente, nosso investimento na preservação de heranças históricas e culturais. E acrescentou outra idéia que lhe vinha à mente: "O que já não fizeram no mundo pela fama, e para garantir que seus atos deixassem um traço indelével nas páginas da História? Heróstrato foi um deles. Para garantir sua fama imortal, ele escolheu o mais simples e vil dos caminhos: incendiar o grande templo de Diana, em Éfeso. Pensando bem, poderíamos acreditar que o Taleban escolheu o caminho de Heróstrato..."

Heróstrato, de fato. Teríamos aqui uma pista, uma prefiguração a guiar nossos passos no caminho de um novo entendimento de tudo isto?

Heróstrato

O Artemision em Éfeso, um templo magnífico o suficiente para que a tradição o exaltasse como uma das Sete Maravilhas da Antiguidade, foi consumido inteiramente pelo fogo na noite de 21 de julho de 356 a.C.

O incêndio foi deliberadamente provocado por um homem que se chamava Heróstrato, a quem executaram por seu sacrilégio. Antes da execução, porém, ele explicou seus motivos.

Sabendo-se inteiramente desprovido de qualquer traço de excelência, Heróstrato tentou imortalizar seu nome através do único meio que encontrou – destruindo algo imortal, para assim participar da imortalidade do que destruíra.

Os efésios, supostamente, ainda tentaram expurgar seu nome de todos os registros históricos, mas Heróstrato venceu, fazendo-se imortal pela natureza inconcebível de seu crime.

A questão de Heróstrato pode ser expressa do seguinte modo: como nos tornamos importantes, significativos como indivíduos, quando não possuímos nada que tenha valor aos olhos de nossa própria época e cultura? E sua resposta não poderia representar uma leitura mais direta da raiz de todo sacrifício: tornar-se sagrado, ao sacrificar-se acompanhado de uma oferenda valiosa para os deuses de sua época. Destruir o valor, como um meio de possuí-lo. Mas esse indivíduo foi além: ele destruiu/possuiu o que era, provavelmente, o lugar mais sagrado e valioso do mundo que habitava. Cometendo o maior dos excessos imagináveis, enquanto antecipava e acolhia sua punição, seu terrorismo colocou-o à força no centro de seu próprio cosmo.

Levando ao extremo seu protesto contra o impasse que um destino desigual (sua insignificância como indivíduo) sempre apresenta à equalização implícita num desejo universal (a sede de reconhecimento), Heróstrato personifica o impulso humano de auto-expressão, quando distorcido por uma perspectiva excessivamente abstrata e genérica. Ele se torna anseio por fama, obsessão por qualidades.

A figura de Heróstrato oferece uma evocação ou modelo que nos permite compreender melhor o que acontece quando um suicídio é associado a uma destruição simbólica de magnitude coletiva. O centro/totalidade de si e o centro/totalidade do mundo: Heróstrato sacrifica tudo ao mesmo tempo.

Será possível que essa história nos auxilie a reforçar nossa primeira analogia, aquela que aproxima a explosão dos Budas aos ataques de setembro? De saída, ela nos faz recordar o quanto esses eventos se apóiam num princípio fundamental do terrorismo, sua íntima relação com a publicidade. Assim como não há compreensão plena da destruição dos Budas sem que nós mesmos sejamos convocados à cena como platéia, também não há separação possível entre a escolha dos alvos americanos e sua exposição, sua notoriedade e significado mundiais. Em ambos os casos, operou-se uma destruição para ser vista. (Assim como no plano de Heróstrato, em que tudo dependia da certeza da própria captura.)

Essa, porém, é a dimensão mais trivial da analogia. Outra, muito mais importante, reside em seu componente iconoclasta, no estatuto propriamente religioso daquilo que foi destruído. Pois o alvo mais profundo da agressão se encontra nas próprias crenças que sustentam nosso cotidiano. Tomemos o primeiro ato iconoclasta: ele não foi, afinal, uma agressão voltada à antiga escola budista *Sarvastivadin* (se "tudo existe", existiria também o fundamentalista armado...), mas sobretudo ao nosso consumismo tolerante de todas as imagens, nossa fervorosa paixão por signos a serem infinitamente intercambiados. Quando decidiram que as estátuas não tinham valor de mercadoria, mas apenas valor enquanto algo-a-ser-destruído, foi o sentido de nossos próprios rituais a sofrer um ataque. E tudo isso, claro, apenas à guisa de ensaio. O grande momento deu-se depois, contra um de nossos templos, o Centro Mundial de Comércio, e a maravilha arquitetônica de suas grandes colunas que tocavam o céu.

É verdade que existiram outros alvos e vítimas no 11 de setembro; mas nosso imaginário coletivo tende a omiti-los, porque ofuscados pela violência simbólica da cena das torres em implosão, e porque o sul de Manhattan é o centro efetivo da capital do mundo.

O que presenciamos, em tempo real, é equivalente ao que terá sido, no passado, o incêndio do Artemision. Por isso, será necessário ampliar o alcance de nossa rede de associações, para longe da concretude do presente e na direção da deusa Ártemis – uma vez que, segundo a lenda, teria sido ela a principal parte ofendida.

Ártemis

Ártemis, junto com Gorgo e Dioniso,[2] era uma deusa do estranhamento e da diferença. Figuras regentes dos espaços de transição, das margens e fronteiras, os três cuidariam do contato entre o aqui e o além, entre os limites e sua ausência, e por isso têm função privilegiada nos ritos de passagem. A Ártemis caberia uma fronteira precisa: a fronteira entre o civilizado e o selvagem, o espaço intermediário entre a *pólis* e a floresta, as periferias e os arredores das cidades, e, na existência humana, especialmente a *parthenia*: período em que as meninas gregas já tinham deixado a infância, por volta dos 9 anos de idade, mas ainda não estavam prontas para o casamento. Puberdade, adolescência, aquele estágio indeterminado em que não se é mais natureza/infância, mas ainda não se é civilização, não se é parte atuante da *pólis*.

Refreando a autonomia dos impulsos naturais em sua resistência a uma nova ordem, Ártemis podia aparecer no campo de batalha, quando os conflitos estavam à beira de tornar-se pura barbárie. Suas armas eram características: o disfarce das pistas, a tática astuciosa, a infiltração protegida pela névoa e pela noite, o golpe que desorientava os exércitos adversários.

Outra peculiaridade de Ártemis —também só compartilhada com Gorgo e Dioniso— em seu papel de guardiã de fronteiras: seu culto era praticado com o uso de máscaras. Podemos apenas especular sobre as muitas significações desse detalhe, mas haverá uma, pelo menos, bastante direta: as divindades de transição demandam máscaras em seu culto, pois estabelecem as fronteiras que separam duas dimensões, dois lugares simbólicos que permanecem incomensuráveis, nunca plenamente traduzíveis, de modo que um lado nunca pode mostrar sua própria face ao outro. A máscara é o elo intermediário, uma identidade transicional, a garantir a possibilidade de manifestação num plano em que não se está integralmente, ou que pode conferir em antecipação a aparência do que ainda não é.

Pois bem, retomando nosso fio: se fôssemos construir um templo para essa deusa, haveria melhor lugar que Éfeso, na porta de entrada da Ásia Menor, na zona de transição entre o mundo grego e sua alteridade, entre Ocidente e Oriente? E quanto a Heróstrato: não seria ele uma personificação exata da autonomia que se infiltra na noite e reage contra a ordem estabelecida? O protesto de Heróstrato é a reação de quem se descobre medíocre, insignificante segundo as regras do jogo, e só encontra um meio de forçar o reconhecimento de seu ser e sua diferença: através de barbárie. E o que dele nos chega, milênios depois, é a máscara de um nome –talvez nem mesmo o nome verdadeiro–, grau mínimo da persona de um terrorista inaugural.

Mas essas associações nos conduzem a um resultado intrigante: devemos interrogar a própria deusa sobre a fonte do impulso que destruiu seu templo, já que apenas o desequilíbrio em sua própria esfera de influência pode explicar o excesso de Heróstrato. Desse modo, Ártemis não é somente o alvo do sacrilégio, e sim parte mais ativa em nossa trama – talvez até sua real protagonista. Afinal, a lenda não se encerra onde paramos de examiná-la.

Plutarco escreveu que a deusa não pôde defender seu templo naquela noite porque estava muito ocupada supervisionando um parto especial. Pois enquanto ardia o Artemision, segundo gostavam de contar os historiadores gregos, nascia também Alexandre, o Grande.

Alexandre

Nas lendas, pelo menos, não há espaço para coincidências. Alexandre, a prefiguração ideal de uma grande biografia, não poderia ser mais oposto a Heróstrato. Nascido para fazer História, aluno particular do próprio Aristóteles, todos estudamos na escola como o macedônio expandiu o mundo helênico, em campanhas militares que o levaram até os extremos da Ásia, até o que hoje conhecemos por Afeganistão, Paquistão e Índia. De fato, foi ele o responsável, em sua expansão imperial, pela mistura de culturas que produziu nossos Budas já mencionados. (Aliás, o contato entre os povos teria frutificado nos dois sentidos: diz a lenda que em Balkh, aproximadamente onde hoje está Mazar-i-Sharif, no norte do Afeganistão, Alexandre teria encontrado uma bela princesa, Roxanne, que se tornou sua única esposa e mãe de seu único filho.) Mesmo em nossos dias, persiste entre alguns etnólogos a hipótese/fantasia dos possíveis "gregos" do Afeganistão, descendentes das tropas de Alexandre. Seriam os povos kalash ou kafir, habitantes das montanhas no nordeste do país. (O que se chamava Kafiristão inspirou Rudyard Kipling em seu famoso conto "O Homem que Queria Ser Rei", uma pequena fábula sobre imperialismo e inflação...)

Há controvérsias quanto ao gênio militar de Alexandre, mas não restam dúvidas sobre o que realizou em seus 33 anos. Mais do que fundador de 13 cidades, Alexandre abriu o mundo, com suas campanhas, para um incalculável desenvolvimento econômico e comercial, criando em seu rastro as rotas de intercâmbio entre Leste e Oeste e fazendo com que empreendimentos rentáveis brotassem por toda parte. Toda essa expansão foi financiada pela circulação de grandes quantidades de ouro, pois Alexandre também forçou a dinastia persa a abrir seus cofres. Com tudo isso, o helenismo pode ser considerado a primeira grande expansão econômica em escala mundial. O sistema de comércio desenvolvido a partir de Alexandre permaneceu virtualmente inalterado por mais de dois mil anos, até a Revolução Industrial. Em outros termos: Alexandre, o Grande, personifica *o primeiro grande movimento de globalização.*

Barbárie

Tendo Aristóteles como preceptor, Alexandre descende diretamente da linhagem de espíritos que fundaram o pensamento ocidental: Sócrates foi professor de Platão, que foi professor de Aristóteles, que educou Alexandre em filosofia, ética, política, medicina. De certo modo, Alexandre representa a primeira manifestação completamente pragmática do *logos* ocidental que acabara de nascer. Uma praticidade de visão que terá sido, finalmente, a principal causa de discórdia com seu mestre – uma discórdia que mudou a História. Aristóteles considerava que os povos não-gregos eram compostos de selvagens, bárbaros, e por isso não mereciam maior atenção. Alexandre, ao contrário, radicalizou o que estava implícito na própria origem dos termos: se "bárbaro" é aquele cuja fala não se compreende (fala bar-bar), aquele que não fala grego, então a chave estaria na helenização dos estrangeiros: uma vez assimilados à cultura grega, deixariam de ser bárbaros, e portanto o império de Alexandre poderia expandir-se por todos os confins do mundo, desde que apoiado sobre uma *universalização da linguagem.*

Essa conclusão transparece com nitidez naquele que foi o movimento tático realmente genial do macedônio: estimular seus soldados a casar-se em terras conquistadas, criando vínculos de sangue entre os estrangeiros e os gregos. Assim, a superioridade militar representava apenas o primeiro momento da estratégia alexandrina de conquista; o segundo seria o estreitamento das relações comerciais, e o terceiro, decisivo, a unificação cultural.

Vista desse ângulo, a história de Alexandre se desenrola a partir de um núcleo tradicional de polaridades – a polaridade entre centro e periferia, entre civilizado e selvagem, entre "nós" e "outros". As polaridades mesmas que articulam o problema da alteridade. Sim, Ártemis outra vez. Alexandre fez de sua vida uma tentativa de resposta a esse problema, ao desafio da distância, da diferença, da inteligibilidade do outro. Com as expedições militares venceria as distâncias, com o comércio —equalização dos desejos— tornaria irrelevantes as diferenças, e com o poder cortante do *logos* grego daria conta de todos os nós de inteligibilidade.

A famosa história do nó górdio ilustra o quanto de agressivo e impaciente havia nessa estratégia. Na capital da antiga Frígia, os oráculos haviam determinado: o primeiro que chegasse às portas do templo de Zeus conduzindo uma carroça seria o próximo soberano. Inadvertidamente, Gordius cumpriu a exigência do oráculo e ganhou o trono. Em seguida, ele dedicou a carroça a Zeus e amarrou-a, por meio de um nó extremamente intrincado, a um poste vizinho ao templo. Em resposta, o oráculo revelou outra profecia: aquele que desatasse o nó seria o conquistador de toda a Ásia. E reza a lenda que Alexandre, um dia, invadiu a cidade com suas tropas e resolveu o problema do nó —obstáculo simbólico a suas ambições— através de sua abordagem muito característica: ao invés de desatá-lo, cortou-o a golpes de espada.

A fantasia que possuiu Alexandre era a de transformar o mundo num espelho. Livre das sinuosidades do esforço da decifração, do nó górdio da interpretação, diferenças anuladas ou tornadas indiferenças, seu objetivo era criar uma realidade uniforme o bastante para refletir-lhe de volta sua própria visão, e assim talvez lhe fosse possível encontrar o que desejava: a si mesmo. Mas Alexandre morreu cedo e não viu seu projeto completado. Ele não conquistou a totalidade da Ásia. Afinal, ele não desatou o nó.

Nietzsche

Tudo tem um custo, um avesso, e assim também com a globalização de Alexandre. A intuição de Nietzsche, como de hábito, sintetizou perfeitamente os aspectos adversos desse esforço – e afirmou que os identificava, atuantes, na Europa de seu tempo. Nietzsche batizou de "alexandrina" aquela que em seu diagnóstico seria a forma mais nobre de otimismo grego, o otimismo teórico: "Ele pretende dissolver o mito, substituí-lo por conforto metafísico e harmonia terrena (...) acredita que pode corrigir o mundo através do conhecimento, guiar a vida pela ciência e realmente confinar o indivíduo no interior de uma esfera limitada de problemas resolvíveis, da qual possa dizer alegremente à vida: 'eu te desejo; vale a pena conhecer-te.'"[3]

Todo o mundo moderno estaria emaranhado numa teia de cultura alexandrina. Uma cultura que, "para poder existir para sempre, requer uma classe escrava, mas, com sua visão otimista da vida, nega a necessidade de tal classe; conseqüentemente, quando suas afirmativas bonitas e sedutoras a respeito da 'dignidade do homem' e 'dignidade do trabalho' não mais funcionam, ela se encaminha para uma terrível destruição."[4]

É importante, a esta altura, recordar os mais de cem anos que nos separam dessas observações. O mundo é, hoje, um lugar bem diferente do que era a Alemanha em plena Revolução Industrial. Mas a questão é inescapável: tornamo-nos menos alexandrinos?

Questão inspirada por Nietzsche, e que deve nos trazer de volta para a urgência de nosso tempo. Só precisamos, primeiro, tentar unir as pontas que ainda estão soltas na misteriosa conexão entre Heróstrato e Alexandre.

Nó

Segundo Plutarco, Alexandre chorou ao ouvir falar do número infinito de mundos no universo, pois ele ainda não tinha conquistado o seu por inteiro. Sua sede de conquista era insaciável –o movimento de expansão só teve refluxo quando os exércitos recusaram-se a seguir adiante, Alexandre adoecendo pouco depois–, e também sua sede de fama. Isso se encontra muito bem exposto no episódio que dá mais uma volta no complicado nó que ata o destino de Alexandre a um certo templo e seu incendiário. Em 333 a.C., o imperador macedônio esteve em Éfeso, e lá encontrou o Artemision ainda em obras de reconstrução. Consta que se teria então oferecido para financiar o término das obras, desde que recebesse os créditos de construtor e seu nome aparecesse esculpido no templo. Os administradores da cidade, contudo, souberam esquivar-se da ambígua generosidade com uma resposta repleta de sutileza psicológica: não está certo que um deus construa um templo para outro.

Se Heróstrato destruiu o templo movido pelo anseio de imortalidade, Alexandre tentou financiar sua reconstrução exatamente pelo mesmo motivo. O mesmo esforço de deixar uma marca, criando ou destruindo. Talvez Heróstrato e Alexandre devam ser entendidos como duas facetas de uma só questão, com sua resposta agressiva ante o estado das coisas, seu culto à própria personalidade, seu potencial de violência. Uma faceta centrífuga e outra centrípeta: um dedica-se a expandir as fronteiras do mundo, enquanto o outro tenta se apoderar de seu centro simbólico.

Alternativa sempre presente, em especial na adolescência, quando precisamos metabolizar a pressão da entrada no jogo dos adultos, a violência das normas sobre a parte silvestre, digamos, de nossa natureza. A resposta pode ser alexandrina e autoconfiante, o "sair e conquistar o mundo" de acordo com as regras; ou então o refluxo da depredação, delinqüência, o transgressor Heróstrato quebrando as vitrines de madrugada. Em ambos os movimentos, porém, algo sempre acaba sacrificado: faltam o reconhecimento e a assimilação daquele núcleo inarticulado de sentido que cada indivíduo tenta trazer ao mundo. Por isso a idêntica busca por notoriedade. A *notoriedade é o que pode aliviar o incômodo pelo que falta.* No caso de nosso transgressor, isso é claro: o que justifica sua modalidade terrorista de destruição é que seja notada, justamente – se eu ou o que represento não são reconhecidos, então que se reconheça o estrago que faço.

E no caso de nosso conquistador? É Nietzsche quem nos dá a chave, quando diz que a mentalidade alexandrina confina o indivíduo à esfera de problemas que suas categorias conseguem resolver. Em nome da eficácia, as diferenças precisam desaparecer no compartilhar-se de um mesmo conjunto de valores e atributos; e assim, a única possível compensação para o que foi perdido será o resultado excepcional, o sucesso incomum.

Heróstrato já denunciava que era esse o tema quando se justificou dizendo que não possuía nenhum atributo ou qualidade que o pudesse fazer famoso. Heróstrato é a versão plebéia, anônima, do mesmo homem alexandrino, do homem no momento da História em que sua natureza começa a submeter-se à normatização aristotélica, e quando está nascendo, propriamente, a visão ocidental do mundo. Heróstrato sente-se excluído por ela; Alexandre a toma por base de um império. Em resumo, talvez seja correto dizer que nossa reflexão ganha um sabor de filosofia. Pois o que une e opõe nossas duas figuras é o desenvolvimento do *logos* ocidental e seu modo de lidar com as diferenças. Dito de outra forma: quando Alexandre prefere cortar o nó górdio, em vez de desatá-lo, o que acaba perdido?

Singularidade

Perde-se, sobretudo, um espaço para o mistério de tudo o que não pode ser dito.

Em primeiro lugar, a atenção para o enigma do Outro. O Ocidente começa com o princípio de que só existe o que pode ser pensado, e que só se pensa o que é expresso em linguagem. A perspectiva do Outro, o que não compartilha nossa linguagem, não pode ser pensada, não existe. Nossa opção é ignorá-lo/negá-lo, ou então traduzi-lo/traí-lo em nossos próprios termos. Heróstrato segue o caminho da negativa; Alexandre, o da traição.

Em segundo lugar, o que se perde é algo que já se antecipou acima: um olhar para o milagre da singularidade. Toda linguagem é composta de universais, nossas palavras são generalidades — e contudo nada, absolutamente nada de nossa experiência é idêntico a qualquer outra coisa. (Dissemos que todas as palavras são generalidades? Todas, menos os nomes próprios. É assim, finalmente, que se esclarece a obsessão de nossos dois personagens com a imortalidade do próprio nome. Celebridade é nossa única compensação para a cegueira do singular.) Cada indivíduo é irrepetível, e cada momento, cada *insight*, cada pequena partícula do vivido não pode ser transmitido, comunicado, naquilo que o faz realmente único. Isso não é sequer realmente pensado; precisamos de rótulos, conceitos, fórmulas que separem para nós o relevante do irrelevante. Mas existem alguns momentos epifânicos em que nos damos conta disso e *percebemos*, seja porque as coisas gritam para nós, seja porque resolvemos *olhar*. E então, num instante, visitamos o avesso de tudo. Talvez a singularidade nunca se torne conhecimento; mas ela ainda persiste como informação.

É certo que essas observações críticas sobre os limites do Ocidente não são novas; por trás delas ecoam vozes de uma linhagem precisa de pensamento, Nietzsche, Heidegger, Deleuze... mas será preciso acrescentar o quanto este tema possa ser, também, profundamente junguiano.

Jung

Jung é tantas vezes compreendido ao contrário. Ele apontou para a trama de universais da fantasia, sim, mas fazer apenas isso seria quase trivial; na verdade, ele buscava um ponto de fuga, e esperava consegui-lo pela discriminação/confronto, somada à interpretação. A sua tipologia, por exemplo, foi talvez a única com o objetivo explícito de auto-superação, isto é, auxiliar os indivíduos a não permanecerem típicos, apesar das múltiplas pressões que visam torná-los, quando muito, perfeitos espécimes. Não, o que deveríamos apontar como a característica questão junguiana é: como pode o individual, o único, reconhecer-se e encontrar expressão para além da dinâmica universal dos instintos, imagens e idéias? Insight sutil, facilmente esquecido.

E é com essa questão junguiana que podemos, finalmente, voltar à concretude e à peculiaridade de nossa guerra, em seus horrores e incertezas. Pois se há alguma novidade acontecendo, é que o individual seja introduzido no cenário.

Guerra

Sob muitos aspectos, esta é uma guerra como as anteriores. Mas uma importante diferença está no fato de que um dos antagonistas seja denominado, simplesmente, "o terrorismo". O que temos agora é uma guerra em que só um dos lados possui um exército regular, os resquícios de uma identidade comum. O que esse exército se propõe a enfrentar é um conjunto mais ou menos abstrato, sem forma e sem centro, onde por vezes até desaparece a conexão funcional entre seus membros. Quando surgiram os envelopes de antraz, por exemplo: de onde vinham os ataques? Alianças oportunistas entre terrorismo estrangeiro e terrorismo local desafiam todas as lógicas de Estado. Nessa guerra, a não-coesão traz ao primeiro plano o fator individual, liberando-o para uma nova escala de intervenção; agora, o indivíduo pode ser o próprio exército.

Terrorismos suicidas e atentados isolados sempre existiram, para compensar a fraqueza ou derrota de um poderio militar. Desta vez, porém, o cenário é diverso, pois se trata de um conflito que não poderia ser travado entre dois exércitos regulares. No que tange à sua forma, este é um conflito entre Heróstrato e Alexandre.

Hora de enfrentar uma aparente dificuldade desse paralelo, o fato de que Heróstrato buscasse a fama, enquanto uma marca distintiva do terrorismo atual parece estar em seu anonimato. Vamos examinar com cuidado: o mártir suicida torna-se um herói em sua comunidade; os fundamentalistas comemoraram o aumento de conversões religiosas; o paranóide que envia pó branco pelo correio divulga sua crença de que ninguém tem o direito à segurança – todas as violências têm uma dimensão simbólica, e todas estão em busca de alguma imortalidade abstrata. Não, Heróstrato também era anônimo quando incendiou o templo, seu anonimato era uma pré-condição para o motivo e os meios de seu crime, assim como está no anonimato toda a questão estratégica desta guerra; e seu crime simbólico também visava ao universal.

Este é, em muitos sentidos, um conflito entre a singularidade e o universal, e os símbolos são o campo de batalha. Em nossa memória daquela manhã de setembro, a indignação provém das mortes e sofrimento sem sentido; mas o terror provém da imagem.

Setembro

Os atentados de 11 de setembro não seriam possíveis num mundo em que o impulso alexandrino não tivesse chegado perto de seu extremo, as distâncias tão dominadas e aproximadas pelo conhecimento tecnológico que a vulnerabilidade pôde se espalhar por todo o tecido de nosso mundo.

Nos meses que se seguiram, tentou-se dar uma face bem específica ao antagonista. Ao mesmo tempo, o discurso regrediu a formas fundamentais de linguagem, à abstração pura do "Bem versus Mal". Sintomas de desarticulação, que não devem desviar o nosso foco: naquele dia um grupo anônimo, dispondo basicamente de planejamento e determinação, alterou o curso das coisas e pôs a seu serviço a grande espiral da destruição. As autoridades insistem: eles foram treinados, patrocinados, sustentados por uma enorme rede subterrânea. Pode ser. Mas a imagem da rede subterrânea, sem muita identidade e dimensão, dá a medida exata do que realmente aconteceu: qualquer um, em princípio, poderia ter participado; qualquer um poderia ter contribuído para mudar a História. Pois os criminosos que mudaram o nosso futuro não precisaram de muita tecnologia e dinheiro. Esta é a maior subversão, aquilo que um governo precisa tentar ocultar: que as verdadeiras armas foram a paciência, que permitiu um longo preparo, e a determinação, que garantiu o componente suicida dos ataques.

Paul Virilio costuma dizer que toda tecnologia traz também consigo, ao nascer, uma nova modalidade de acidente. Pois bem, esta é a guerra dos acidentes, e neste sentido pode marcar o fim da era pós-Hiroshima.[*] O poder, a destruição não são mais prerrogativas de um clube seleto. Em princípio, pelo menos, qualquer um pode seqüestrar um avião, iniciar um tiroteio em escolas ou centros do governo, tornar-se um terrorista. O Mal não precisa de um rosto, e isso devolve ao indivíduo, num aparente paradoxo, a responsabilidade pelo curso das coisas. Desaparece aos poucos o lugar da vítima alienada, do espectador passivo. Não há mais distância, e toda hierarquia oferece apenas uma ilusão de segurança. Cada indivíduo é um Heróstrato, um microcontrolador das

[*] De fato, Virilio foi por vezes tão profético —apesar de sua entonação apocalíptica; ou, pensando melhor, graças a ela— que chegou a antecipar muito dessa novidade por ocasião do primeiro atentado terrorista ao World Trade Center, em 1993.[5]

coisas, até porque decide *não* participar de alguma destruição, resolve *não* seqüestrar alguma coisa e atirá-la contra um edifício qualquer.

Esta é uma mensagem dificílima de setembro: o poder começa a descentralizar, e a questão de Ártemis, a oposição entre centro e periferia, começa a perder o sentido, neste ápice de civilização alexandrina; as nações já não seguem seus próprios caminhos, enquanto a singularidade, o acidente, vai emergindo por todos os cantos, sem face, não-aristotélica, implodindo essências sem que se consiga pensá-la. Não exatamente aquilo sobre o que se constroem impérios.

Gog e Magog

Não devemos nos fixar em demasia nos atentados. Heróstrato não se restringe ao fundamentalismo islâmico, ele pode ser compreendido até mesmo enquanto um fenômeno tipicamente americano, como o do adolescente que sai atirando em escolas. Vamos pensar em Oklahoma City, ou no cidadão que saiu massacrando políticos na assembléia suíça, ou no jovem do país subdesenvolvido, sem estudo e com o tom "errado" de pele, que vê na posse de uma arma seu único caminho para alguma realização. Todos querendo tocar a História, doentes pela imortalidade.

Da mesma forma, a cultura islâmica também é, na origem, bastante alexandrina. Alexandre é citado no Alcorão, exaltado como herói civilizador que salva os povos atrasados de uma região distante (a terra das duas montanhas), usando o poder de sua técnica (a construção de um muro de ferro) para protegê-los de Gog e Magog, as forças do caos e da destruição. Não, esta narrativa serve aos dois lados, é o mesmo dilema da barbárie e do Outro. Talvez as duas culturas em questão não sejam diferentes o bastante, e isso ajude a explicar sua rivalidade.

Clareira

Não há equilíbrio nas relações entre *pólis* e floresta, civilização e barbárie, centro e periferia; essas oposições não mais funcionam, ou estão muito doentes. Mas com isso também é perdido o lugar de cultivo daquele princípio que os gregos chamavam Ártemis, e que seria, justamente, o espaço intermediário definido por essa tensão. Heidegger, quando idoso, era fascinado por uma imagem deste mesmo lugar: a clareira. Um espaço razoavelmente desimpedido na própria floresta, ou uma periferia ainda não tomada de todo pela *pólis*, onde aquilo que foi separado em extremos pudesse tentar um contato. Talvez nos faltem clareiras, aparecendo e desaparecendo, ensinando-nos esta faceta profunda de nossa história humana, que civilizações são apenas acampamentos. Esse é o terreno de Ártemis, e ela é a protagonista de uma história que identifica nosso dilema – mostrando, inclusive, que o futuro (não só o passado) também é sempre selvagem, e que nossa reflexão não pode criá-lo.

Sim: precisamos de um discurso da diferença, "desconstruir"; mas precisamos de mais do que isso, pois o não-resolvido é que toda violência gera sua própria lei, enquanto a crítica intelectual nunca tem a capacidade de subverter, sozinha, as hierarquias simbólicas que se impuseram ao longo do tempo. A demanda é por um outro pensar, um outro mito, um novo tempo. E isso não acontece por encomenda nem pode ser instaurado por reflexão. É algo que depende dos caminhos da psique objetiva –do que não sabemos, em suma–, mesmo que se antecipe, aqui e acolá, nas iniciativas de uns primeiros indivíduos. Talvez seja isto, em sua face mais sombria, que nossos Heróstratos vêm mostrar. Que Ártemis, mesmo superada, ainda exige reparação.

Alexandria

Até agora, não tratamos da psicopatia, do componente criminal. Olhamos apenas as culturas e seus indivíduos anônimos. Mas nosso percurso vincula a guerra entre culturas –e seu tema associado, a globalização– com a nova forma de terrorismo e seu tema associado, a singularidade. Esse vínculo já se manifesta na consciência coletiva, e a lenda que se propõe a expressá-lo também nos dá indicações quanto ao que permanece na sombra.

Dizem que o ritual de fundação de Alexandria (a mais importante cidade construída por Alexandre, e que acaba de reinaugurar seu grande templo, a biblioteca) foi acompanhado de um forte presságio. Alexandre ordenara que o perímetro da cidade fosse delineado com grãos; isso foi feito, e então pássaros de várias espécies vieram, tomaram os grãos e partiram, voando em todas as direções. Ansioso com o sentido do evento, Alexandre consultou seus áugures, que lhe disseram: "Esta cidade irá alimentar o mundo inteiro; e os homens que nela nascerem estarão em todos os lugares; como pássaros, viajarão pelo mundo."

Essa seria a promessa mais luminosa do mundo alexandrino; mas se os áugures pudessem arriscar-se e falar com franqueza, talvez tivessem dito que *os alimentos, os recursos são dispersos e consumidos sem nenhum controle de distribuição, que neste movimento se perdem todos os limites e, com isso, tudo o que pode definir a futura cidade, a civilização.*

Roxanne

O que foi feito dela, a princesa afegã que, para sobreviver, se ofereceu em casamento a Alexandre? Roxanne foi a única mulher do homem mais poderoso da Terra, e chegou a lhe dar um filho. Parece que, exaurindo-se em suas conquistas e morrendo cedo, Alexandre não soube proteger sua mulher e seu herdeiro. Roxanne teve de fugir, carregando o filho, dos generais que pretendiam dividir entre si o enorme império. Mas acabaram por encontrá-la, anos depois, e Roxanne foi morta, junto com a criança destinada a herdar o mundo.

Pertencemos a uma velha tradição simbólica que associa o feminino à alma e ao desafio do convívio com o Outro. A mulher de Alexandre, morta, é uma perfeita imagem para toda a alma perdida a cada ciclo histórico de expansão global.[*]

Íris

Alguém ainda entende que há sentido em certas coincidências? Enquanto estas páginas eram escritas, a *National Geographic Magazine* anunciava que reencontrou a afegã cujo retrato, em 1986, serviu de capa para a revista – retrato que permanece uma das imagens mais fortes das últimas

[*] Talvez só nos reste cantar o destino de outra Roxanne, a prostituta da canção: *Roxanne, you don´t have to put on the red light.*

décadas. Seu nome é Sharbat Gula, e teria, à época, menos de 14 anos de idade.

Nada substitui a presença da imagem, mas é possível dizer que o impacto da menina está na beleza de seus olhos, que não parecem inteiramente humanos. Olhar ainda um pouco selvagem, como que recém-saído da floresta: único, absoluto. Dizem que os padrões da íris humana são ainda mais inconfundíveis que as impressões digitais. E terá sido assim que a reencontraram agora, precocemente envelhecida e quase irreconhecível após tantos anos de caos e destruição, em meio a milhões de outros refugiados da História, milhões de outras pessoas sem significado: através dos olhos. Olhos como aqueles não se repetem, luminosos em singularidade pura. Ao mesmo tempo, também, seu brilho selvagem, na menina da idade certa, parece que avisa: se Ártemis assumisse forma humana, esses seriam seus olhos.

É o curto-circuito que mencionava Jung, o milagre cognitivo/experiencial que nossa teoria ainda não conseguiu assimilar completamente, pois é a compreensão *e* seu avesso, é o encontro do singular *e* do universal, do insubstituível *e* do eterno, partícula-e-onda na microfísica de nossa visão. Seu nome é Sharbat Gula, mas poderíamos chamá-la: Roxanne.

Sim, quem sabe um símbolo. Nos últimos tempos falou-se tanto da realidade imaginal. Também é preciso falar da realidade que nos interpela a partir dessa imagem, dessa inocência sacrificada ante uma maturidade impossível, retrato de toda a nossa marginalidade e exclusão.

Um Lugar Seguro

Verena Kast

A necessidade de um lugar seguro

Quando ocorre um acontecimento traumático como o 11 de setembro, não há somente a ansiedade, a raiva, o questionamento dos motivos e a caça aos responsáveis, o pesar e a perda de confiança na vida em geral: as pessoas também querem aprender algo a partir dessa experiência crucial. Se pudéssemos aprender algo que nos ajudasse a retomar nossa vida de modo confiante –mesmo havendo o perigo do terrorismo–, a catástrofe humana não seria completamente absurda.

Sentimo-nos mais ameaçados do que nunca

Será que o mundo inteiro realmente mudou após o 11 de setembro? A afirmação acima surgiu do choque diante da extrema brutalidade do ato terrorista. Porém, o terrorismo existe há muitos anos. Assassinos suicidas existem desde a Guerra do Líbano, nos anos 80; é um método de combate muito mais perigoso que os bombardeios. Também se le-vanta a questão de por que as pessoas decidem sacrificar suas vidas dessa maneira. Naturalmente, deve haver convicções religiosas, mas também pode haver razões psicossociais: se você não se sente respeitado, se você não tem futuro e não possui valor algum perante o grupo social ao qual pertence, então você tem grande valor potencial como homem-bomba – e, ao morrer, obtém uma identidade que é transmitida ao mundo inteiro e produz horror.

O mundo mudou em 11 de setembro, no sentido de que não somos mais capazes de ocultar alguns problemas profundos que existem entre as diversas nações. Não penso que o mundo se tornou um lugar mais perigoso do que era antes. Mas talvez nos sintamos mais ameaçados do que antes e precisamos lidar com esse sentimento.

A procura de um lugar seguro

Quando acontece algo terrível que traz uma profunda incerteza, os seres humanos buscam um lugar seguro. Em minha opinião, essa é a tarefa mais importante a ser empreendida –por cada indivíduo e nos grupos aos quais ele pertence– agora e no futuro.

Um lugar seguro: o que isso significa? É um espaço onde nos sentimos seguros em um mundo inseguro. Se, depois de um cruel assassinato político, um estadista recusa abertamente o guarda-costas e o uso de carro particular em favor do transporte público, ele comunica, sem verbalizar, o sentimento de estar seguro apesar do perigo, e também, ao não entrar em pânico, declara sua recusa em compartilhar o pânico de algumas pessoas. Não significa falta de preocupação, falta de determinação para enfrentar o problema e achar soluções, mas sim preservar o sentimento de estar seguro em um mundo inseguro. Sentir segurança é algo que ajuda porque reagimos, não com estresse incontrolado, mas com estresse controlado – o que fortalece nosso cérebro e nossa psique e dá sustentação à idéia de que somos capazes de lidar de modo competente com a vida e suas dificuldades.

Como encontrar esse lugar seguro

Os seres humanos que sofreram em conseqüência de situações traumáticas, na maioria dos casos, podem nos contar onde encontraram um lugar seguro em sua psique a fim de sobreviver ao trauma. De acordo com cada personalidade, esse lugar seguro na fantasia, o lugar seguro interior, é diferente. Contudo, há uma semelhança entre eles: com muita freqüência é um lugar específico na natureza, desconhecido dos outros, vividamente conhecido na fantasia, ou mesmo um lugar no céu. Às vezes, uma figura auxiliadora está presente: um ser humano protetor proveniente do passado, dos sonhos, da literatura, de histórias ou talvez um animal auxiliador. Esse lugar seguro é um refúgio onde as pessoas traumatizadas se sentem seguras e calmas. Ele oferece uma possibilidade de recuperação. Algumas vezes, esse lugar seguro apareceu em um sonho e foi adotado pela vida imaginativa. Se for possível relacionar-se com essa imagem na fantasia, ela funcionará como uma espécie de recurso: a pessoa se tranqüilizará e será encorajada a enfrentar as dificuldades de uma nova maneira. No tratamento psicanalítico junguiano de indivíduos traumatizados, é indispensável criar esse refúgio representado pelo lugar seguro. Se for possível criá-lo na fantasia, por meio da imaginação, o lugar seguro poderá ser encontrado sempre que necessário. Mas ele só funciona quando as imagens estão ligadas às emoções. Se não for possível criar o lugar seguro na fantasia, ele poderá ser encontrado nos sonhos e/ou num relacionamento de confiança com o analista. Mas também para aqueles que não estão fazendo análise é importante encontrar um lugar seguro. Onde, no mundo exterior, você se sente realmente seguro? Onde, no mundo interior? Você também deve encontrar um lugar seguro nos relacionamentos com os outros. As pessoas tomadas pela ansiedade estão buscando outros seres humanos para companhia e ajuda mútua. A necessidade de vínculos se constela; começa a procura por pessoas em quem você confia. Essa é a possibilidade de criar em conjunto um lugar seguro no mundo exterior. Esse lugar seguro não quer dizer que deixamos de lado o "perigoso" mundo externo, mas que, em conjunto, conseguimos enfrentar melhor as dificuldades do mundo: os passos necessários para mudar as coisas. Significa que você se torna suficientemente forte para lidar com as coisas, e não para deixá-las de lado. Ter vínculos significa criar relacionamentos emocionais estreitamente comprometidos, nos quais você tem de lidar de modo construtivo com os conflitos.

Criar um lugar seguro e vincular-se com as outras pessoas pode ocorrer ao mesmo tempo, por exemplo, ao conversar sobre os lugares seguros e a necessidade de se sentir seguro e protegido.

Durante a Guerra do Golfo, muitos cidadãos suíços sentiram-se bastante mal. No dia seguinte ao começo da guerra, três pessoas ligadas ao meu consultório analítico sonharam com bombas e vacas. As três sentiram consolo ao olhar vacas, ao permanecer num estábulo: era uma proteção contra as bombas. O que isso queria dizer? Aquelas pessoas se sentiram ameaçadas pelas bombas e seus sonhos produziram uma imagem de segurança, de calma. As vacas representam o arquétipo da qualidade acalentadora da "Mãe Natureza", propiciando a quem sonha a sensação de escapar de um mundo ameaçador para um de consolo e afeto. Uma fascinante experiência teve início quando um dos sonhadores, um estudante, indagou dos colegas sobre sonhos relacionados à Guerra do Golfo. Ele descobriu vários sonhos com imagens protetoras, imagens de lugares seguros, tais como penetrar no coração da Suíça, rumo às montanhas, em busca de proteção. Essas imagens podem ser vistas como imagens de regressão; contudo, elas proporcionaram consolo. Compartilhar essas imagens de sonhos levou a uma crescente discussão com os outros sobre o que era considerado ameaçador, fazendo com que todos se conectassem melhor do que o usual; desse modo o pânico diminuiu e todos souberam melhor o que fazer, tornaram-se mais criativos, mais determinados a manter sua vida sob controle — pelo menos em seu próprio mundo. Isso significou ser capaz de lidar com o perigo.

Há terroristas no mundo. Tudo o que está no mundo também é parte da nossa psique. Seria sábio entrarmos em contato com o lado terrorista em nós mesmos. Matando os terroristas, é provável que você mesmo se torne um terrorista. Se você cria um agressor e vê nesse agressor todas as energias destrutivas, você é uma vítima — e cheia de ansiedade. Você possivelmente se sente forte e pronto para atacar o agressor, de modo a criar algum dia um lugar seguro. Mas, em vez disso, você criará uma espiral de violência. E você precisa de um lugar seguro agora. Seria muito melhor entrar em contato com o agressor e se empenhar em um diálogo.

ALGUNS PROBLEMAS POR TRÁS DA DESTRUTIVIDADE

Deixe-me explicar isso num nível individual. Se você está com raiva porque sente que foi tratado de modo injusto, que não foi respeitado e sabe que ninguém lhe concederá justiça, você se torna destrutivo. A raiva está dizendo-lhe que algo nas fronteiras entre as pessoas precisa ser rearranjado; que alguém, inibido em seu instinto de sobrevivência – e isso também significa sobrevivência psicológica– ou em seu desejo de criar alguma coisa, está se tornando disfuncional. Você quer destruir em vez de mudar algo no relacionamento. Mas, para travarem uma boa discussão, os dois oponentes precisam ter os mesmos direitos, deve haver uma intersubjetividade indestrutível.[1] Ambos devem ser capazes de trocar idéias, desde que vejam com clareza qual é o problema que está exigindo uma resposta responsável de ambos os lados; se um lado começa a ganhar e o outro a perder, isso só cria novos problemas. Aquilo que funciona no nível da personalidade poderia também ser um modelo para os conflitos no mundo. Em outras palavras: os países deveriam ser fortes o suficiente para iniciar diálogos com todos os outros. O pré-requisito seria o respeito mútuo e o respeito pelas diferenças.

A propensão à violência está aumentando. Há diferentes razões para isso. Uma seria a de que os seres humanos admiram em segredo os atos terroristas. O apavorante está próximo do excelso. Nada há para ser admirado nos atos violentos: seria melhor admirarmos o que é bom para a vida, não para a morte. Talvez haja uma razão que esteja além das dificuldades políticas, além do problema do mundo-com-religião (Oriente) contra o mundo-sem-religião (Ocidente), além da injustiça do nosso mundo e da crescente propensão à violência: a morte é reprimida e isso parece ser um problema em toda parte. Talvez esse problema seja comparável à situação na época de Freud, quando a sexualidade era reprimida; hoje é a velhice, a morte e o ato de morrer que são suprimidos. Em vez de viver frente a frente com a morte, as pessoas identificam a morte com o "destruidor indestrutível".[2] Em vez de nos tornarmos mais criativos, cultivando o amor pela vida e encarando a morte e o ato de morrer, nós admiramos a destruição. Não apenas a admiramos, mas até mesmo a vemos como necessária para nos proteger. É claro que, se nossas fronteiras forem violadas, precisamos claramente fazer de tudo para nos assegurar que isso não acontecerá de novo. Porém, a melhor prevenção é o diálogo firme – não a guerra.

A luta e a vitória pertencem à esfera de ação do arquétipo do herói. Eu proponho um movimento de retorno à esfera de ação do arquétipo da mãe, em sua função de provedora de um lugar seguro e de vínculos, possibilitando uma base inconsciente para um diálogo mundial de irmãos e irmãs: o arquétipo fraterno.

Do Wahabismo[(*)] ao Talebanismo

Hechmi Dhaoui

Considero este texto um grito de dor que expressa o sofrimento do mundo árabe-muçulmano ao qual pertenço, um mundo que tem sido "um paciente crônico" desde o século X. Para analisar o comportamento regressivo do mundo árabe-muçulmano, será necessário revisar sua evolução (ou estagnação) social, política e cultural ao longo de dez séculos. Também examinarei a emergência do nacionalismo árabe e, finalmente, tentarei entender as origens do movimento *islamista*[(†)] en-

---

(*) Wahabismo: fundamentalismo islâmico a serviço do poder político saudita, ao qual proporciona uma moldura ideológica para influenciar a libertação do mundo do Islã. O termo deriva da seita islâmica fundada por Abdel Wahhab (1703-1792), conhecida pela observância estrita do Alcorão e que floresce principalmente na Arábia.

(†) "Islamista": movimento ou indivíduo que faz uso político do Islã, de maneira revolucionária e além das fronteiras nacionais, com uma dose extrema de fundamentalismo, intransigência e conservadorismo. (Difere do termo "islamita", que é sinônimo de islâmico ou muçulmano no sentido tradicional de seguidor fiel dos preceitos de Maomé.) De certo modo, é equivalente ao "integrista" europeu da atualidade.

quanto reação ao fracasso do arabismo.[*] Os acontecimentos de 11 de setembro me forçaram a reconhecer que, em vez do amor, a prática do Islã contemporâneo expressa basicamente o ódio.[†] Analisarei como o ódio chegou a *ofuscar* o Islã originariamente previsto nos textos sagrados (o Alcorão, as elocuções e as práticas do Profeta).

A tragédia de 11 de setembro deixou uma única contribuição positiva: eliminou a indiferença que envolvia o mundo muçulmano. Tentarei, portanto, falar das causas da regressão, do ódio e da indiferença, para sugerir uma solução adequada. Meus argumentos talvez pareçam demasiado críticos, especialmente porque pouco mencionarei o envolvimento do Ocidente. Acho que os intelectuais árabes-muçulmanos devem, em primeiro lugar, limpar o próprio quintal e analisar eficientemente o comportamento de seus concidadãos e de seus governantes, no contexto de uma autocrítica construtiva.

Quanto ao mundo ocidental, acredito que ele possui um número suficiente de intelectuais capazes de autocrítica. Veja, por exemplo, o artigo em que Noam Chomsky[1] dirige severa crítica à política externa dos EUA (embora ele tenha esquecido que a data de 11 de setembro coincidiu com o 28º aniversário da execução de Salvador Allende no Chile).

Tentarei demonstrar que o chamado "choque de civilizações" é enganador. Embora o mundo árabe-muçulmano tenha seus problemas singulares, todos nós compartilhamos a mesma cultura humana. Quando uma cultura (assim como qualquer órgão interno do corpo) está doente, todo o sistema imunológico *cultural* reage para curar o problema. Considero patológica a experiência atual do mundo árabe-muçulmano e, embora ache que nossa patologia é responsabilidade nossa, acredito

---

(*) Arabismo: fixação na ideologia que pede a união do mundo árabe em resposta ao sentimento de perseguição no Ocidente.

(†) Enquanto escrevia este ensaio, envolvi-me com a organização de um simpósio internacional sobre o tema do amor (maio de 2002). Este texto e o simpósio refletem meu desapontamento com a cultura árabe-muçulmana depois que publiquei *L'Amour en Islam* (L'Harmattan, Paris, junho de 2001).

também que toda a humanidade é convocada a encontrar uma terapia para tratar a praga do terrorismo. O terrorismo é uma doença psicossocial caracterizada pela má administração das emoções internas no mundo árabe-muçulmano e pela perda de comunicação com o mundo externo; contudo, o terrorismo não é exclusivo do mundo árabe-muçulmano.

As relações entre os muçulmanos, e entre muçulmanos e estrangeiros, são mal administradas. Certamente nos beneficiaríamos com a ética internalizada descrita por Freud; a ética representa, pelo menos, um antídoto à agressão humana. De outro modo, a terapia necessária, segundo C.G. Jung, "encorajaria a regressão, até ela alcançar o estágio pré-natal", onde teríamos de confrontar e analisar a *imago* da mãe.[2] Existe uma relação direta entre a agressão reativa do mundo árabe-muçulmano e seu relacionamento com o arquétipo da mãe.

Nossa atitude regressiva, até agora, congelou o mundo árabe-muçulmano em uma busca contínua da *oumma* (comunidade de fiéis). A *oumma*, palavra que em árabe também significa "mãe", representa a Idade de Ouro do Islã, pela qual todos os muçulmanos há muito anseiam. A força desse anseio serve como compensação para um complexo de inferioridade. Para nós, seria bem mais saudável sacrificar a nostalgia.

Na última seção, pedirei ao mundo ocidental como um todo, e aos EUA em particular, que compreendam e ajudem o mundo árabe-muçulmano em seus esforços para abandonar essa atitude regressiva e reentrar na História. É necessário que os EUA assumam sua responsabilidade, pois são o aliado político e financeiro da Arábia Saudita, que é a fonte do movimento islamista. Embora o Reino Unido seja o aliado político e cultural dos EUA, ele é também o protetor dos fundamentalistas muçulmanos que encontraram refúgio em Londres. Acho esta uma curiosa conjunção de opostos: os Estados Unidos da América, cujo sistema político é dominado pela Constituição, têm relações muito estreitas com dois países que não possuem uma Constituição – certamente por razões diferentes, mas de todo modo esses dois países estão na origem do desastre de 11 de setembro de 2001.

Sandor Ferenczi[3] mencionou, já em 1913, a possível aplicação do modelo psicanalítico aos problemas sociais. Sendo a adaptação social um processo psicológico, Ferenczi achava que a sociologia que governa a vida do indivíduo em sociedade, bem como as leis a que o indivíduo precisa se ajustar, merecia uma análise psicanalítica. O problema do mundo árabe-muçulmano consiste em uma dificuldade de adaptação à modernidade (ou seja, é um problema de sociologia e lei). Existe uma confusão entre o "temporal" e o "espiritual", entre o Estado e a religião, e, portanto, entre os direitos humanos e o direito divino.

Falta ao mundo árabe-muçulmano um código ético que administre naturalmente sua agressividade instintiva. Somente a sublimação ajudará o cidadão árabe-muçulmano a canalizar (no sentido dado por Jung a essa palavra) seus instintos primitivos para atividades que tenham valor social e se distanciem do zelo religioso. Um canal para a sublimação é a única maneira de se recuperar da regressão há tanto tempo existente. Tenho a esperança de que os árabes-muçulmanos se ajustarão criativamente à nossa época atual e abandonarão a nostalgia autodestrutiva por um passado idealizado. Uma psicanálise profunda do inconsciente coletivo árabe-muçulmano seria de grande ajuda, especialmente se acompanhada de uma "psicoterapia coletiva".

O "CHOQUE DE CIVILIZAÇÕES"

Desde a inimaginável agressão terrorista cometida em Nova York e Washington em 11 de setembro, uma única reflexão me perturbou em meio a todos os debates que li ou vi na televisão: a idéia do "choque de civilizações". A distinção entre Oriente (com seu Islã sonhador, místico, arcaico, intuitivo, irracional e espiritual) e Ocidente (pragmático, materialista, realista e emancipado) talvez seja clara e legítima, mas, ao enfatizar as diferenças e subestimar as semelhanças, a distinção reduz as chances de diálogo e entendimento mútuo. Continuo acreditando que estamos lidando com uma mesma civilização: a civilização mediterrânea que nasceu no Crescente Fértil.

O Mediterrâneo é um "Mar Interior" que se infiltra pelo Velho Mundo, tal como o útero se desenvolvendo durante a puberdade de uma garota. Antes da impregnação cultural, esse mar era virgem. Na verdade, assim como a Virgem Maria, o Mediterrâneo ficou imaculado até o aparecimento da civilização humana no chamado Crescente Fértil[4] – aquela região que se espalha desde a Mesopotâmia até o sul da Turquia atual.

Não sabemos como foram fundadas as primeiras cidades mesopotâmicas nem quando e como a escrita cuneiforme se desenvolveu e difundiu-se na forma de tábuas acádias bilíngües. Portanto, o processo de fertilização das culturas mediterrâneas que resultou desses fatores permanece desconhecido. Foi somente no final do segundo milênio a.C. que se inventou o alfabeto linear, chamado "fenício", nessa ilha fluvial entre o Tigre e o Eufrates. O Oriente Médio tem uma posição geográfica estratégica, porque está localizado na encruzilhada de Europa, Ásia e África. Essa posição privilegiada certamente não se deve à sorte, pois foi nessa região que surgiram as técnicas do trabalho em metais, a primeira escrita e as três religiões monoteístas. Um fenômeno semelhante começou quase ao mesmo tempo no Sudeste Asiático (China, Índia e Indonésia) – um fato histórico que hoje encontra explicação na morfogenética.

Essa civilização se desenvolveu às margens do Mediterrâneo na época da judaização daquela área, com uma cultura que permaneceu dominante até 800 a.C. A cultura judaica alcançou seu auge nos reinados de Davi e de Salomão. A religião judaica –criada por Moisés, o egípcio que se identificou com seu perseguidor (os faraós certamente tiveram uma grande civilização que permaneceu local)– era tão isolacionista quanto a religião dos faraós, que não aceitava outras religiões. Na verdade, "as Leis judaicas encontram suas origens nas raízes egípcias de Moisés".[5] Mais tarde, aqueles que não eram judeus foram obrigados a aderir ao monoteísmo, via cristianismo e islamismo. No judaísmo, a filiação ou linha de descendência ocorre por meio da mãe, e nenhuma conversão é reconhecida se a mãe não for judia. Podemos conjeturar, portanto, que o arquétipo da Grande Mãe influencia a família e a tradição tanto dos judeus como dos árabes.

Chegou então a época neo-assíria, que durou até 610 a.C. e foi seguida pelo império neobabilônio, que durou até 539 a.C. Este último foi completamente engolido pelo Império Persa, até a subida de Alexandre ao trono da Macedônia em 332 a.C. O guerreiro grego desintegrou o Império Persa, transformando a região em um Leste Helênico até a individualização do Império Parta em 60 a.C.

Durante o mesmo período, os fenícios fundaram um império costeiro na periferia do Mediterrâneo. Mais tarde, os gregos e os povos do mar Egeu, e depois deles o Império Romano, estabeleceram o ambiente onde o cristianismo se difundiria. E finalmente surgiu o Islã —a segunda leitura irracional da religião judaica—, substituindo a religião cristã na costa sul do Mar Interior e chegando até a Andaluzia.

No início, os árabes que pregavam o islamismo não encontraram problemas em difundir sua religião desde que se dirigissem para o oeste. Mas a situação era totalmente diferente quando tentavam seguir para o leste. A cultura árabe quase não deixou vestígios na Ásia e na Europa não-islâmica. Na verdade, a decadência árabe começou quando eles deixaram a Espanha e se dirigiram para o leste, a fim de difundir sua religião na Europa. Eles experimentaram o mesmo fracasso que todos os outros que atacaram o leste (Alexandre, Napoleão, Hitler); por outro lado, quem se voltou para o oeste teve sucesso.

Foi exatamente isso que aconteceu em 1492 quando os cristãos expulsaram muçulmanos e judeus da Península Ibérica. Se considerarmos que o estreito de Djebal Tarak (Gibraltar) era o colo do útero (o Mar Interior), fechado de ambos os lados pela presença islâmica, sua reabertura permitiu que três mil anos de civilização mediterrânea dessem à luz o Novo Mundo — pois foi naquela época, em 1492, que o mundo do oeste descobriu a América.

O que tentei enfatizar buscando as origens da civilização é, na verdade, o destino do mar Mediterrâneo. Temos ali, na margem norte, uma leitura racional da religião monoteísta, e, na margem sul, uma leitura irracional e a mesma relação com o Deus Único que criou uma sociedade tautológica com tendências fatalistas.

O fato é que esses três mil anos de civilização mediterrânea poderiam ter constituído o centro do interesse de Freud ou Jung; o desejo original de ambos era trabalhar com arqueologia e pesquisar uma história universal. Mas, por falta de recursos e como forma de sublimação, ambos voltaram suas pesquisas para o campo da história individual; em outras palavras, para a psicanálise. Mesmo os métodos psicoterapêuticos evoluíram de maneiras diversas ao redor do Mediterrâneo, com suas diferenças culturais, raciais, lingüísticas, religiosas e climáticas, e tendo em comum apenas aquilo que chamamos de "aspecto natural" ou "espontaneidade mediterrânea".

Esse cenário me permite desenvolver uma abordagem relativamente otimista, sabendo que a expansão da civilização muçulmana para o sul fez essa área sofrer uma verdadeira regressão. Vou lidar com essas duas idéias, esperando alcançar o conceito da integração de conhecimento e tecnologia; isso será possível graças ao conceito de globalização, se é que a globalização respeita as diferenças culturais singulares. Para realizar essa tarefa, lidarei com o domínio terapêutico e com domínio científico que me é familiar – evitando, por isso, falar de astronomia, aritmética, arquitetura e outras contribuições científicas da civilização muçulmana.

Considerarei que a herança terapêutica atual foi o resultado da acumulação de conhecimentos durante a evolução da civilização humana, desde os mesopotâmios até os europeus, passando por fenícios, gregos e romanos, e dos intercâmbios com as civilizações do Extremo Oriente. Toda conquista terapêutica, bem como o mútuo enriquecimento cultural, é resultado da fertilização.

Podemos considerar que a atual ciência médica como um todo (e a psicoterapia em particular) progrediu de modo impressionante no Ocidente; esse progresso, porém, é em grande parte resultado da herança medieval da medicina árabe que se desenvolveu e transferiu para a Europa os conhecimentos médicos do antigo Oriente: Índia, Pérsia e China.[6] Esse movimento senoidal que caracteriza a história da medicina ao redor do Mediterrâneo nos faz lembrar o tempo cíclico de Jung. A história da medicina é um exemplo perfeito do destino comum dos povos que viviam ao redor do Mar Interior: uma única civilização que ultrapassa a diversidade de crenças e modos de expressão de todas as culturas mediterrâneas.

A Idade de Ouro da medicina árabe-muçulmana situou-se entre os séculos VIII e XIII, com dois períodos importantes: dos séculos VIII a XI no Oriente e dos séculos X a XIII no Maghreb[*] e na Andaluzia. No início do século X, Bagdá legislava a organização da prática da medicina e dos estudos médicos. A medicina permanecia intimamente ligada à filosofia – daí o título de *hakim*, atribuído tanto ao médico como ao

---

[*] Maghreb: a região no noroeste da África que compreende as terras costeiras e os montes Atlas do Marrocos, da Argélia e da Tunísia.

sábio. Essa organização da arte terapêutica foi adotada no mundo ocidental, seguindo o modelo do Oriente muçulmano, e foi acompanhada pela multiplicação dos locais para tratamento da alma, chamados "morestanes" (707 deles em Damasco, 765 em Bagdá e depois em todo o Maghreb).

Portanto, desde De Rhazès (Razi, 850-923) até Avicena (Ibnou Sina, 980-1037), a lista é longa demais para que se possa mencionar todos os que contribuíram significativamente para o desenvolvimento dos conhecimentos médicos. Para mais detalhes, veja meu livro *Pour une Psychanalyse Maghrébine.*[7] Passemos para o período de Averrói (Ibn Rochd, 1126-1198) e Maimônides (1135-1204), que testemunhou o fim da Idade de Ouro da medicina árabe-muçulmana. Ambos fizeram o possível para resistir à decadência de seus contemporâneos. Averrói era conhecido por seu universalismo, sua liberdade de espírito e sua combatividade em defesa das idéias que o tornaram famoso. Criticava de tal modo seus contemporâneos, que até mesmo seu próprio povo o rejeitava. Hoje em dia ele é reconhecido como o intermediário com o mundo ocidental, o homem que promoveu a instituição da mente crítica e racional que precedeu a modernidade.

Foi a partir do século XIV que as divisões e dissensões apressaram a decadência científica, cultural e médica do mundo árabe-muçulmano. Esse foi especialmente o caso da medicina, que regrediu e mergulhou no empirismo, no charlatanismo, na quiromancia e até mesmo na magia e conjuração do mau-olhado. Foi com desdém que Khaldoun Ibn (1332-1406), um dos pais da sociologia moderna, falou desse tipo de medicina. O próprio Profeta voltou-se para essas práticas, embora considerasse a medicina uma ciência tão fundamental quanto a teologia. Ibn Khaldoun justificou o Profeta, dizendo: "O Profeta tinha a missão de nos ensinar a Lei Divina, não a medicina." Ele se uniu à revolta de De Rhazès contra tal comportamento, rejeitando a medicina espiritualista e profética a fim de proteger e dar preeminência à experimentação objetiva. Essa objetividade racional encontrou o ambiente cultural onde se desenvolver e expressar-se plenamente: a margem norte do Mediterrâneo.

Parece que a cultura monoteísta cristã é favorável à racionalidade e ao *logos*, fato que pode ser explicado pela ausência do pai de Jesus. Tal ausência criou nos cristãos a sensação de que faltava algo e, para suprir essa lacuna, eles recorreram ao *logos*, que gerou uma maneira de pensar e um modo ocidental de viver baseados na racionalidade, no individualismo, no materialismo e no predomínio do hemisfério cerebral esquerdo.

Por outro lado, o tipo de monoteísmo que se instalou na margem sul do Mar Interior nasceu de um profeta que não conheceu a própria mãe. Isso levou a uma busca de Eros e a um modo de funcionamento baseado na irracionalidade do hemisfério cerebral direito – que é mais espiritual, intuitivo, coletivista e comunitário, mais predisposto ao obscurantismo e que se expressa por meio de um marabutismo[*] que é, ainda hoje, a função mais privilegiada dos psicoterapeutas. O marabutismo, na verdade, é um culto dos ancestrais, a realização de um ritual pagão pré-islâmico.

Essa regressão científica continuou durante a Idade Média, quando o mundo muçulmano foi repartido entre as potências colonialistas. A decadência chegou ao auge com a queda do Império Otomano, causada por dois movimentos que substituíram os hábitos de reflexão consciente: primeiro, o retorno ao islamismo obscurantista; segundo, o nacionalismo de Mustafá Kamal Ataturk, que se espalhou da Turquia para todo o mundo árabe-muçulmano. Esse nacionalismo se exacerbou com a fundação do Estado de Israel. Acredito que a regressão tem cura e tentarei desenvolver essa idéia na última seção. Acho que os muçulmanos, se conseguirem abandonar sua nostalgia, serão capazes de aspirar a um pensamento mais racional. Isso já vem ocorrendo desde o movimento de renascimento árabe-muçulmano (*ennahdha*), do final do século XIX e início do XX,[8] com reformistas como Rifaa Tahtaoui e Kacem Amine, no Egito, e Khéreddine, Abdelaziz Thâalbi, Tahar Haddad e Bourguiba, na Tunísia. Por outro lado, graças à velocidade das comunicações, oferece-se ao mundo árabe-muçulmano a possibilidade de começar a superar os obstáculos acumulados e integrar os principais movimentos científicos sem temer qualquer hegemonia ocidental.

---

[*] Marabuto é uma espécie de "homem santo" do Islã, especialmente aquele que alega curar por meios sobrenaturais.

Berlusconi não compreendeu que somos parte da mesma civilização; sua herança mussoliniana o fez esquecer que o conhecimento grego e o muçulmano chegaram à Europa principalmente através de Salerno e Nápoles, graças a Constantino, o Cartaginês. Mas, no nível regional e segundo a história própria de cada região, essa civilização passou por ocasionais evoluções internas que foram bastante diferentes umas das outras: hoje em dia, encontramos mentes muito modernas no Oriente e mentes muito tradicionalistas no Ocidente. Prefiro, portanto, contrapor Berlusconi a seu compatriota Umberto Eco, que conhece a história da civilização melhor do que ele.

Recapitulando, vimos que os diferentes intercâmbios e interpenetrações culturais ao redor do Mediterrâneo produziram o nascimento do Novo Mundo depois de três mil anos de civilização. De acordo com a minha metáfora, o Mar Interior constituía um útero que foi impregnado pelo Crescente Fértil no período neolítico. Esse útero gerou, em 1492, a América de hoje. Como conseqüência da abertura do colo desse útero, os muçulmanos recuaram para a margem sul do Mediterrâneo. A cultura-filha vingou-se pela primeira vez da cultura-mãe em 1991, quando o Iraque atacou agressiva e incestuosamente o Kuait, sua cultura-irmã.

Fechando essa metáfora, acho que o que está acontecendo hoje na Palestina é o aspecto visível do parto, com o derramamento de sangue entre os irmãos-inimigos, judeu e árabe, que terminará na paz independentemente dos sacrifícios exigidos.

O "choque de civilizações" no livro de Samuel P. Huntington[9] não leva em conta a leitura antropológica da civilização. Huntington fala de uma cultura de nível mais baixo, baseando sua análise no secularismo, na democracia e no Direito Romano. Fiquei chocado quando li sua excelente teoria sobre a democracia.

Em primeiro lugar, ele tentou mostrar que a superioridade da civilização ocidental é óbvia (coisa de que ninguém duvida) e descrever a superficialidade da prática democrática no mundo não-ocidental. O ativo mais importante do Ocidente é a grande eficiência de seus meios de comunicação. Embora a tecnologia de comunicações do Ocidente encontre forte resistência por parte dos regimes ditatoriais não-ocidentais, os povos oprimidos dela se beneficiam e esse fato, obviamente, assusta os ditadores.

Por outro lado, Huntington tentou minimizar a contribuição das civilizações que precederam o Islã – sendo o Islã o tradutor de todos os conhecimentos do passado que mais tarde seriam transmitidos ao Ocidente. Eu gostaria de lembrar a Huntington um simples episódio histórico sobre a origem da criação da Beit El Hikma (Casa da Sabedoria), em Bagdá, que foi destruída pelas bombas norte-americanas de dezembro de 1998. Quem ordenou sua construção foi o califa Al-Maamun (786-833), no apogeu da dinastia dos abássidas, para que os pesquisadores pudessem traduzir toda a cultura grega.

Diz a lenda que o califa tomou essa decisão depois de um sonho em que teve o seguinte diálogo com Aristóteles:

> *Califa*: Quem és tu?
> *Aristóteles*: Eu sou Aristóteles...
> *Califa*: Ó sábio! Posso fazer-te algumas perguntas?
> *Aristóteles*: Sim...
> *Califa*: O que é a beleza?
> *Aristóteles*: Aquilo que é belo no intelecto!
> *Califa*: O que mais?
> *Aristóteles*: Aquilo que é belo para a lei!
> *Califa*: O que mais?
> *Aristóteles*: Aquilo que é belo nas pessoas!
> *Califa*: O que mais?
> *Aristóteles*: Isso é tudo!

Foi esse sonho que inspirou o califa a construir aquele palácio do conhecimento, onde os pesquisadores trabalharam sob a direção de Hussein Ibn-Ishâq (808-873) e traduziram todos os livros gregos. Aquele local foi a origem da passagem dos conhecimentos antigos para o mundo ocidental.

Concordo com Huntington quando ele diz que o individualismo caracteriza o processo de modernização no mundo ocidental. Já o mundo árabe-muçulmano tem experimentado um luto patológico desde a perda da Andaluzia.

Quando descreve os conflitos comunitários no capítulo "A dinâmica das guerras das civilizações" e aplica o termo "guerras de identidade" à ex-Iugoslávia, Huntington se contradiz. Na verdade, os muçulmanos bósnios (que não freqüentavam a mesquita e não se importavam de casar as filhas com sérvios ortodoxos ou croatas cristãos) tomaram consciência de sua identidade muçulmana como forma de regressão defensiva vital, especialmente como reação aos nacionalistas extremistas sérvios e croatas, ameaçadores e genocidas. Cito: "Os muçulmanos da Bósnia tiveram um comportamento muito secular." Seria possível para eles reagir de outra maneira diante da agressão ocidental, da qual participaram até mesmo os soldados da ONU? Não podemos esquecer o massacre dos muçulmanos de Srebrenica, na presença de tropas francesas da ONU; aquele terrível pesadelo nos faz lembrar o massacre dos palestinos em Sabra e Chatila, na Beirute de 1982, pela milícia cristã que estava sob a proteção do exército de Sharon.

Com tudo isso em mente, prefiro concluir esta seção com uma frase de Edgard Morin: "(...) os problemas da dominação, da oposição, do barbarismo humano? Somente a confiança, o verdadeiro humanismo, a consciência da Terra como pátria reduzirão a ignomínia no mundo."[10]

As conseqüências da descolonização e da Guerra Fria

A partir do século XIV, o mundo árabe-muçulmano experimentou um declínio progressivo resultante da desorganização e divisão do império islâmico; um declínio que levou à sua colonização quase generalizada no século XIX. O nascimento do nacionalismo árabe ocorreu em 1916, quando agentes ingleses operando na Arábia Saudita propuseram ao xerife Houssein a criação de um império árabe, estendendo-se do Golfo até o oceano, em troca de sua ajuda para varrer do mapa o Império Otomano. O arabismo evoluiu com o nascimento da Liga Árabe, em 1945, e mais tarde com movimentos focados na independência política. O nacionalismo se intensificou com o conflito de 1948 entre árabes e israelenses, e foi sustentado pela Guerra Fria, quando a URSS tentou canalizar o nacionalismo árabe contra os interesses do Mundo Livre.

Portanto, o nacionalismo árabe (que depende do islamismo como valor e denominador comum de todos os povos culturalmente diferentes) sobreviveu porque desempenhou um papel dinâmico na luta contra os invasores.

Os países árabes-muçulmanos certamente permaneceram pré-modernos, ao contrário de outros países que encontraram o equilíbrio entre sua cultura local e a cultura global. Os países árabes continuaram apegados a suas especificidades culturais e dependentes da antiga condição de países colonizados. Adotaram uma atitude defensiva em relação ao Ocidente, que nada mais é do que um complexo de inferioridade. É por isso que os países árabes vivem voltando as costas a qualquer comunicação cultural; qualquer abertura tornaria homens e mulheres suscetíveis a novas idéias sobre seus direitos e poderia levar cada país a um ambiente democrático.

É necessário enfatizar que durante o período pós-colonial a maioria dos países árabes-muçulmanos estava sob a influência de líderes que tinham sido os heróis das lutas pela independência. Tais líderes não conseguiram resistir a uma evolução despótica, conforme afirmou Jean Lambert: "O persistente lugar-comum do século XVIII, sobre o déspota oriental e os séculos vindouros de confusão entre o espiritual e o temporal, subestima a natureza do poder e da descendência do Profeta."[11]

Na maioria dos casos, esses países estavam sob a égide de um indivíduo autoritário que se apresentava como o novo profeta e líder da luta contra a pobreza e o subdesenvolvimento. Esses líderes se tornaram demagogos (*zaim*) a tal ponto que, durante a Guerra Fria, começaram a rejeitar os princípios dos direitos humanos, promovidos pelo Mundo Livre, juntamente com a socialização excessiva pregada pelo Bloco Soviético.

Os líderes árabes se beneficiaram da indiferença das duas superpotências e usaram a oportunidade para enfatizar sua singularidade cultural em um nacionalismo árabe que coloca os interesses do grupo e da comunidade acima dos interesses do indivíduo.

O déspota mais inventivo foi Mustafá Kamal Ataturk, conhecido como "o ditador secular" ou "o anti-Alá". Seu mérito foi considerar que "o político que precisa da ajuda da religião para governar é um covarde". Esse é o caso de Saddam Hussein, que se sobressaiu no campo da covardia quando insistiu em se impor ao povo e levar o país à ruína. Depois de ter invadido o Kuait em uma iniciativa ditatorial pessoal, Saddam fez seu povo pagar pelos danos que havia causado, enquanto ele próprio continuava levando uma vida de nababo. Saddam até superou Bin Laden em covardia, pois fingiu ser um líder secular antes de se tornar um ardente muçulmano e acrescentar a expressão *Allah Akbar* ("Deus Todo-Poderoso") à bandeira de seu país, buscando uma coalizão muçulmana durante a Guerra do Golfo. Já Bin Laden, quando percebeu que a maioria dos países muçulmanos se recusava a segui-lo, tentou se apresentar como o defensor da causa palestina. Saddam, que continua a liderar uma campanha de percepção religiosa e piedade, provocou uma metamorfose no modo de vestir de seu povo: exigiu que os líderes políticos e os funcionários públicos freqüentassem seminários religiosos, aumentou o número de jornais ligados à religião e estimulou a pesquisa das ciências corânicas e da jurisprudência islâmica. Saddam também investiu na campanha para encorajar mais mulheres a usarem o *hijab* (véu) e mais homens a usarem o *dajdajas* (túnica longa).

O Irã é outro exemplo de país que pregou certo modernismo em um clima de repressão. O xá contava com o exército para conduzir o país no rumo das reformas ocidentais. Ele acreditava estar trabalhando em benefício de seu povo quando escolheu uma ocidentalização brutal e excessiva. O fato é que ele acabou provocando uma regressão defensiva mesmo entre os oficiais e soldados, além da resistência popular. Todos se uniram contra ele, sob o slogan *Allah'o Akbar* ("Deus Todo-Poderoso"). A opressão do xá deu forças à Revolução Islâmica, de Khomeini, que rejeitou tudo aquilo que estivesse associado ao mundo ocidental.

Khomeni proclamou-se o Profeta da Revolução. Foi assim que ele estabeleceu a primeira república islâmica, onde "a fé é mais preciosa que as armas". A revolução fundamentalista iraniana acabava de se estabelecer quando o Iraque declarou guerra ao Irã, em 22 de setembro de 1980, e assim confirmou a posição de Khomeini com sua propaganda antiamericanista e antiocidental. E depois o regime conheceu um período de terror nunca antes visto, com verdadeira perseguição a homens e mulheres, quando a revolução fundamentalista substituiu a Savak pela Savana, uma polícia político-religiosa que era muito mais subjetiva que a antiga polícia secreta do xá.

Na mesma região há outro ditador que governou em nome do Islã, encorajado pelo Mundo Livre como participante da Faixa Verde que resistiu à invasão soviética: trata-se do "general-sacerdote" Zia Ul-Haq, que dominou o Paquistão como ditador absoluto com a ajuda de uma corte marcial inflexível.

A maioria dos países muçulmanos é governada por diferentes tipos de ditadores, como o presidente-coronel Ali Abdullah Salah, do Iêmen, que assumiu o poder em 1978, após oito anos de guerra civil. Muammar Al-Khadhafi, da Líbia, é um ditador menor impossível de ser definido. Na Argélia, Boumédienne exauriu as riquezas do país com uma burocrática política socialista. Não esqueçamos de mencionar o maior ditador árabe, Abdelaziz Ibn Saud, rei da Arábia Saudita, que poderia ser denominado "o ditador majestoso". Ele governou seu país, espiritual e temporalmente, de maneira implacável. Na Síria, o general Hafedh Al-Assad estabeleceu uma ditadura violenta sob o manto de certa ideologia progressista árabe (o Partido Baath) partilhada com o Iraque, seu irmão-inimigo.

É impossível listar todos os ditadores árabes, porque eles são numerosos demais, mas não podemos deixar de mencionar o pai do pan-arabismo, Gamal Abdel Nasser, que era conhecido como "ditador da Cruzada" devido ao seu fascínio pela "Grande Arábia." Ele recebeu treinamento em uma rígida escola militar e nunca tentou esconder que considerava Hitler seu modelo. Tornou-se, inevitavelmente, o foco da propaganda sionista antiárabe porque queria jogar todos os judeus no mar. Essa arrogância o fez perder a primeira guerra contra Israel, em 1967. Mas um resultado positivo de sua política foi a dissolução do movimento fanático Irmãos Muçulmanos, embora não o tenha feito pela modernização e sim com objetivos hegemônicos. Nasser estava convicto de incorporar o futuro Mundo Árabe Unido, exatamente como Hitler ao afirmar: "Eu sou a Alemanha." Nasser "jamais conseguiu ter um relacionamento sadio com aquela entidade feminina que eu chamo de *anima*", disse Jung.[12] Desenvolverei essa idéia, que também se aplica aos islamistas, em outra seção.

A ideologia de Nasser era, na verdade, um nacionalismo árabe secular, herdado do nacional-socialismo [nazismo] alemão, que reinou sobre todo o mundo árabe com poucas exceções, como o Marrocos de

Hassan II e Mohamed V, a Tunísia de Bourguiba, a Jordânia e o Líbano. Nesse meio tempo, o Líbano teve de enfrentar a ameaça de invasão do exército sírio.

Foi esse mesmo nacionalismo árabe que criou no regime saudita o receio por sua própria existência em uma hegemonia árabe, apesar de ser baseado em um islamismo wahabista sunita legalista. Para promover suas ambições, o regime saudita tem financiado o movimento islamista internacional. Chegou a estabelecer uma aliança implícita com o sionismo, diretamente ou por intermédio dos EUA, contra o inimigo comum, o nasserismo e seus sucessores, Khadafi, El-Assad e Saddam Hussein.

Até agora tem havido uma aliança tácita entre Israel e a Arábia Saudita para a sobrevivência mútua (essa aliança foi bem descrita por Alexander Adler em *International Mail*). Hoje em dia, a Arábia Saudita e Israel estão trabalhando de mãos dadas para tentar resolver o problema palestino. O que amedrontou os sauditas foram estas palavras de Nasser: "Para alcançar a unidade árabe e nosso socialismo, precisamos primeiramente combater os reacionários árabes, depois nos livrar das bases imperialistas no Oriente Médio e em seguida nos livrar da influência econômica do mundo ocidental e pôr um fim ao cabresto imperialista sobre as reservas de petróleo árabes."[13] Esse discurso, que despertou as suspeitas dos EUA, foi a origem da aliança norte-americana com os islamistas.

Os islamistas responsabilizaram os regimes seculares árabes pela derrota espetacular na Guerra dos Seis Dias. Foi uma derrota, na verdade, que trouxe de volta à consciência árabe a perda da Andaluzia em 1492. Psicologicamente falando, seria um sofrimento insuportável para os árabes perderem a Palestina e Jerusalém, tal como aconteceu quando perderam Sevilha e Granada: uma tragédia terrível que detonou a regressão do mundo árabe-muçulmano. A perda da Andaluzia forçou os árabes a saírem da História. Desde então, procuram o caminho que lhes devolva a possibilidade de desempenhar um papel na dinâmica humana global.

Os árabes não conseguiram sair do arcaísmo para a modernidade por causa dos regimes opressivos que os impediram de evoluir rumo à democracia. Nós, árabes, fomos realmente a causa da nossa própria desgraça, porque permanecemos agarrados a um estereótipo no qual os opositores e os marginalizados são considerados traidores e muitas vezes condenados abusivamente. Bin Laden certamente causou grande dano ao Ocidente, mas, por outro lado, sua recente façanha poderá desestabilizar diversos regimes árabes, afetando o turismo e os investimentos estrangeiros. Basta pensar no Egito: o país está enfrentando sérios problemas econômicos por causa do declínio de sua indústria turística e porque sua população aumenta em um milhão de pessoas a cada oito meses.

Bin Laden poderia ter surgido de qualquer país árabe, porque ele é o resultado da tirania generalizada nessa parte do mundo, onde não há lugar para a política. É nessa parte do mundo que as palavras de Sócrates, pronunciadas há mais de 2.400 anos, encontram aplicação: "Onde há tirania não há política." E eu acrescento: a tirania faz nascer o terrorismo. O fato é que os regimes árabes, sem exceção e de longa data, estão (com o consentimento do mundo ocidental) na origem dos novos movimentos religiosos fanáticos. Esses movimentos, que se opõem ao despotismo dos regimes árabes, lutam para ser reconhecidos. Todos os regimes árabes se destacam quando se trata de destruir as forças esclarecidas: eles são contra tudo o que emana da sociedade civil, proíbem toda liberdade de palavra e vêem os defensores dos direitos humanos como inimigos que devem ser eliminados. Foi assim que esses regimes estimularam o crescimento dos fundamentalistas, que são, eles próprios, contra o nacionalismo e a democracia.

A Tunísia é considerada o mais ocidentalizado dos países árabes. Desde 1859, a Tunísia tem uma Constituição, que foi revista em 1958, dois anos após a independência. Essa Constituição foi concebida para adequar e garantir os processos políticos, mas tornou-se um instrumento de repressão nas mãos do presidente da república. Bourguiba violou a Constituição pela primeira vez quando se declarou presidente vitalício. Hoje, a Constituição está sendo mais uma vez violada por seu sucessor, que quer estender seu mandato e garantir a si mesmo imunidade total e eterna. Esse exemplo mostra bem que, nos países árabes, somente o chefe de Estado desfruta de liberdade. Todos os que trabalham na "arena política" são legitimados por ele e por ninguém mais; isso também se aplica aos chamados "partidos de oposição legal".

Se você examinar todos os regimes árabes, um a um, desde sua independência, notará que foram governados por líderes que se recusavam a "deixar o trono" antes da morte física. Como tais regimes são apoiados pelo Ocidente (especialmente pelos EUA), os povos árabes só podem mesmo odiar a "América" – que também é, ao mesmo tempo, a protetora do Estado de Israel. Esses dois fatores –apoio aos regimes opressivos e proteção a Israel– constituem realmente a origem da demonização dos EUA e do ódio pela "América" entre os povos árabes.

Como nenhum desses regimes têm a mínima ética política, eles se permitem dizer coisas que são aparentemente aceitáveis e aprovar leis que geralmente são bem menos aceitáveis. Essa situação absurda força uma reação dos indivíduos ou grupos que querem desempenhar um papel político, mas são implacavelmente reprimidos pelas forças policiais do regime. Tais regimes opressores não hesitam em recorrer ao aprisionamento, à tortura e mesmo ao assassinato; com isso, aumenta o descontentamento popular. Alguns dos reprimidos conseguem fugir de seu país e encontrar refúgio no Mundo Livre, onde às vezes se organizam em grupos terroristas, cujo objetivo é se vingar dos EUA.

No meu entender, o nacionalismo árabe é o herdeiro do nazismo e do nacionalismo turco. Ele é, na verdade, um nacionalismo que está em busca de uma unidade árabe, com forte ênfase na comunidade árabe (*oumma*), e que tem como ponto focal de queixas o conflito árabe-israelense.

É provável que o nacionalismo árabe seja a razão pela qual todos os líderes árabes decidiram apoiar Saddam Hussein, contra os EUA, antes da reunião da Liga Árabe de março de 2002. Na verdade, a única coisa que os líderes árabes têm em comum com Saddam Hussein é a tirania. Eles até concordaram em trair os palestinos, desistindo de Arafat em favor de Saddam. Eles até conspiraram com Sharon, entregando-lhe Arafat e seu povo. A atitude norte-americana caracterizou-se por uma neutralidade cínica.

Essas políticas levam apenas ao fortalecimento da posição dos extremistas nacionalistas e dos islamistas em todo o mundo árabe. Para as pessoas de mente aberta e os modernistas, sobra a tarefa de recolher os cacos. No lado israelense essa política parece lógica, pois eles agem apenas em seus próprios interesses. Os EUA não parecem aprender nada com as lições do passado. E por isso os norte-americanos vivem fazendo a si mesmos a eterna pergunta: "Por que eles não gostam de nós?"

Nós, árabes, somos a verdadeira causa de nossos infortúnios, porque sofremos do complexo psicológico de ser os herdeiros de um povo colonizado e isso nos faz enfrentar nossos problemas com atitudes reacionárias. Esse complexo de inferioridade está na origem de nossa negação do "outro", de nossa rejeição de tudo aquilo que emana do mundo ocidental e de nossa confusão entre modernidade e coisas contemporâneas. É exatamente esse complexo de inferioridade que está na origem da regressão experimentada pela Argélia depois da independência, numa esperança desesperada de pertencer à comunidade árabe.

Escolhi discutir a Argélia porque seu exemplo ilustra o estado mental do líder árabe. A relação da Argélia com o restante do Maghreb não se deve ao acaso. Depois da independência, a Argélia optou por uma arabização excessiva. Mas, ao contrário de seus dois vizinhos (o Marrocos, com a Universidade Karaouin, e a Tunísia, com a Universidade Zitouna), a Argélia não dispunha de um número suficiente de professores; conseqüentemente, em 1962, voltou-se para o Egito. Naquela época, Nasser combatia os islamistas fundamentalistas e a situação argelina lhe ofereceu a oportunidade de se livrar dos islamistas: ele enviou 18.000 professores árabes para a Argélia. Foram esses professores islamistas egípcios, na verdade, que formaram toda uma geração de fundamentalistas obscurantistas na Argélia. Também nesse caso, os fundos vieram da Arábia Saudita por intermédio da "Internacional Islamista", cujo prato de coleta fica em Londres. Claro que a incompetente administração socialista na Argélia possibilitou ao exército corrompido tomar o poder.

Mais uma vez, foi o anseio dos argelinos de se unirem a essa hipotética Comunidade Árabe (*oumma*) que preparou sua queda em um islamismo radical que também está em busca da Comunidade Islâmica (*oumma*). Isso constitui uma dupla mancha coletiva comunitária, uma busca regressiva da mãe. Essa busca contínua da mãe constitui um defeito coletivo, e os árabes superam-no buscando uma "grande mãe" (*oumma*).

É por isso que testemunhamos uma evolução progressiva do indivíduo árabe-muçulmano enquanto membro de uma comunidade que está enclausurada na busca tradicional de uma herança (*turath*) cujos méritos são dolorosamente exagerados. Esse é o contexto típico no qual florescem as idéias fundamentalistas.

Nas décadas de 60 e 70, alguns freqüentadores de mesquita se impuseram como porta-vozes de Deus, embora não haja na religião muçulmana qualquer mediador entre o fiel e seu Deus. Tais homens substituíram progressivamente os heróis do nacionalismo árabe que sofriam uma situação de fracasso econômico, político e cultural. O conflito se aguçou com o fracasso dos nacionalistas árabes em encontrar uma solução para o problema palestino apesar das repetidas promessas.

A quebra da estrutura do nacionalismo árabe abriu o caminho para a hegemonia do movimento islamista, como segunda herança da cultura árabe-muçulmana. Essa cultura trouxe realmente uma legislação (*charia*) que se opõe a qualquer tipo de secularismo (embora eu ache que a lei secular deveria respeitar a religião, pois a religião deveria se ocupar apenas do indivíduo em sua relação com seu Criador).

MOVIMENTO ISLAMISTA, O FRUTO DO ARABISMO

Hoje em dia, o islamismo está se impondo nos países árabes como uma religião e como uma legislação pública, a tal ponto que se tornaram freqüentes os discursos pregando a islamização da modernidade. É assim que se pode compreender a linguagem dualista dos islamistas: eles têm o talento de evocar uma *oposição* imaginária (caracterizada por um gosto pelos conflitos, pela exclusão e pelo sectarismo) ou uma *unidade* imaginária (caracterizada por um gosto pela analogia, pela comunhão, pelo congraçamento e pela integração). Mas os islamistas nunca conseguem se encontrar em uma *aliança* imaginária (caracterizada pela dialética, pela comunicação, pela tolerância e pela convivência).

Esse é o segundo erro estratégico cometido pelo Ocidente (e em particular pelos EUA) ao avaliar a islamização. O Ocidente imaginava que poderia deter o progresso da onda vermelha do comunismo com a ajuda da Faixa Verde, constituída pelos países árabes-muçulmanos. O projeto parecia convincente, porque sua realização não exigia qualquer desembolso do contribuinte norte-americano. Os fundos necessários eram supridos pelo wahabismo saudita, que é a principal ideologia do movimento islamista. Essa ideologia se baseia nas teorias dos pensadores (*ulemás*) de El Azhar, no Egito, que separa casais por meio da legislação religiosa e legitima a condição inferior da mulher na península árabe.

O wahabismo, que surgiu no século XVIII, tornou-se uma ideologia obscurantista do Islã em resultado de uma interpretação totalmente equivocada dos dois textos fundamentais: o Alcorão e as elocuções do Profeta. Por causa de suas mentes reacionárias, os wahabistas têm causado muitas interpretações errôneas dos textos religiosos originais. Na verdade, foi o encontro entre Mohamed Ibn Abdel Wahhab e Mohamed Ibn Saud em 1745, nas terras áridas do Profeta, que fez nascer esse desvio islamista, causado por um islamismo rígido que interpreta literalmente os textos fundamentais. Foi assim que nasceu um islamismo sunita ultralegalista, baseado em uma legislação ortodoxa.

Tal interpretação do texto religioso –proibindo a música, a poesia e as jóias– não existia nem sequer nos dias do Profeta, que usava cosmético nos olhos (*kohl*) e perfume. Quanto à música, é interessante ver o que diz a respeito El Farabi (872-950). Al-Ghazali (1058-1111), com o verdadeiro espírito do islamismo, disse: "A música imita a natureza e o canto dos pássaros que pertencem à Criação; proibir a música, portanto, é ir contra a Criação."[14]

Abdel Wahhab, o religioso, e Saud, o guerreiro, fizeram desse islamismo rígido uma nova ideologia. Wahhab interpretou os atos do Profeta de uma maneira que convinha a Saud; este, em troca, tinha a força e protegia seu aliado e administrador legal. Ambos até mesmo ousaram destruir todos os túmulos, inclusive os dos hachemitas (a tribo do Profeta, seus herdeiros legítimos e cujos descendentes governam a Jordânia). Wahhab e Saud o fizeram para se livrar da concorrência historicamente legítima. Para isso, utilizaram um *hadith* que proibia a visitação aos mortos – embora mais tarde o Profeta tivesse permitido essa prática: "Eu vos proibi de visitar as tumbas; agora, visitai-as" (compilação de Muslim, 817-875).

Esse é um exemplo, dentre muitos outros, que mostra como aqueles dois homens ousaram, por razões ideológicas, desvirtuar princípios religiosos básicos como o do versículo 21 da sura 33 do Alcorão ("Tendes no profeta de Alá um exemplo admirável") sem levar em conta o versículo 115 da sura 4, que diz: "Os muçulmanos que desobedecerem ao Profeta e abandonarem o caminho dos fiéis serão responsáveis por seus atos e queimarão no fogo do Inferno." Na verdade, a Arábia Saudita é o único país onde se proíbe a existência de cemitérios, de modo que a visitação aos mortos é proibida por razões puramente políticas.

Esses islamistas salafistas[*] opuseram-se freqüentemente às elocuções do Profeta que encorajam a renovação das práticas islâmicas de acordo com a época e o lugar. A *ijtihad* (interpretação) que leva em conta a época e o lugar permite certa flexibilidade na interpretação dos textos sagrados. Nesse contexto, ela diz: "A cada século, Deus enviará à comunidade islâmica alguém que modernizará a religião muçulmana." Isso ocorreu no século XIX graças à renovação cultural e social iniciada por Mohamed Abdou (1830-1897) e Jamel-Eddine al-Afghani (1849-1905), que imaginaram a possibilidade de arrancar a civilização muçulmana do beco sem saída histórico e devolver-lhe o lugar merecido. Eles esperavam libertar a cultura árabe daquele senso de fracasso, transformar a era da decadência e criar, em seu lugar, certa consistência contemporânea.

Em seu salafismo, o wahabismo saudita encarava essa abordagem modernizante como uma invenção diabólica dos infiéis, cujo objetivo seria romper a unidade da comunidade dos fiéis. Então os sauditas acusaram o nacionalismo árabe de ser o responsável pela imperdoável derrota na Guerra dos Seis Dias. Finalmente, apoiaram o movimento Irmãos Muçulmanos, fundado em março de 1925, no Baixo Egito, por dois professores, Hassan al-Banna (1906-1948) e Sayed Qotb (1906-1966). Trata-se de um movimento que legitima a violência contra quaisquer regimes considerados ímpios. Desde o início, os Irmãos Muçulmanos se beneficiaram do apoio político e financeiro do rei Faiçal da Arábia Saudita, sob pressão dos wahabistas. Os Irmãos Muçulmanos também receberam apoio dos serviços secretos norte-americanos, que viam nessa máquina guerreira um instrumento oportuno para combater o nacionalismo árabe cada vez mais pró-soviético, especialmente desde fevereiro

[*] Salafismo: obscurantismo nostálgico.

de 1958, data da criação da República Árabe Unida, com a união entre Egito e Síria.

Foi o movimento dos Irmãos Muçulmanos que gerou todos os outros grupos dos países muçulmanos, que se organizaram de acordo com as particularidades políticas das respectivas regiões. Foi assim que os movimentos de "tendência islâmica" começaram na Tunísia e depois evoluíram para o *ennahdha*, o movimento de renascimento cujo chefe carismático, Rached El-Ghannouchi, é considerado o protótipo da metamorfose ideológica dos chefes dos outros grupos. Na verdade, durante 17 anos ele foi primeiramente um nacionalista árabe nasserista e depois um partidário do Baath, antes de adotar a ideologia dos Irmãos Muçulmanos, que tentou adaptar ao contexto tunisiano. Na Argélia encontramos a Frente Islâmica de Salvação (FIS); o Hisbou Allah (*Hezbollah*) no Líbano; o Hamas na Palestina; e a Jihad Islâmica em quase todo o mundo muçulmano. No Paquistão encontramos o Jamaat islâmico, que é um movimento fundamentalista criado por Maulana Maududi em 1941. Sua ideologia coloca os movimentos políticos e militares como prioridades para submeter todos os fiéis à lei islâmica, *charia*.

Maududi até considera que mesmo os países árabes são corruptos. Foi seu movimento que esteve na origem do "caso Rushdie", a partir das escolas corânicas do Paquistão que atraíram a atenção de Khomeini com demonstrações nas ruas. É um dos movimentos mais virulentos, que considera a *jihad* (vista como verdadeira Guerra Santa e não apenas como "esforço espiritual") um fator essencial na defesa do Islã.

Todos esses movimentos islamistas fundamentalistas, e outros que compartilham seus objetivos, se baseiam numa interpretação ideológica que distorce o significado dos textos fundamentais. Isso lhes permite impor sua própria visão geopolítica e controlar um braço armado que eles podem usar como uma espada de Dâmocles contra seus objetores ideológicos.

Foi assim que ousaram desnaturar o espírito do Islã, distorcendo algumas suras para poderem reivindicar ou legitimar sua *jihad* particular. Mas o Islã considera que a paz é a base da vida comunitária; a guerra é vista como solução em casos excepcionais. Os versículos corânicos que transmitem essas idéias são numerosos; eis a seguir alguns deles:

Versículo 256 da sura 2:
"As práticas religiosas não podem ser impostas; a retidão, doravante, é muito distinta da insanidade."

Versículo 40 da sura 12:
"Comunicar é dever teu, o julgamento a Mim pertence."

Versículo 125 da sura 16:
"Prega a senda do Senhor com sabedoria."

Versículo 29 da sura 18:
"Dize: A verdade emana somente do Senhor. Quem quiser, que creia; e quem quiser, que renegue."

Versículos 21-22 da sura 88:
"Admoesta, pois para eles és apenas um admoestador, sem autoridade sobre eles."

Versículo 6 da sura 109:
"Tens tua religião e tenho a minha."

Nesses exemplos do Alcorão, o próprio Deus se dirige ao Profeta; este aplicou os preceitos, durante sua vida, para respeitar as religiões monoteístas. Quanto ao versículo 60 da sura 8, citado pelos fundamentalistas para dar um propósito à *jihad*, eis o que diz: "E aprontai quantas armas puderdes, e mantende os cavalos preparados para aterrorizar o inimigo de Deus." Esse versículo não tem outro objetivo exceto a dissuasão e não pode, de modo algum, legitimar o terrorismo, especialmente porque o versículo seguinte fala da paz: "Se eles se inclinarem para a paz, inclinais-vos para ela também, sem perder a fé em Deus."

Foi assim que os graves erros de interpretação dos fundamentalistas salafistas apareceram entre os islamistas, transformando um apelo à paz em uma agressiva ideologia terrorista, contrária aos preceitos do Islã que pedem com toda clareza uma atitude exclusivamente defensiva.

Todos esses desvios e corrupções conceituais da maneira muçulmana de ser são conseqüência das leis muçulmanas (*fiqh*) feitas por homens ao longo da História e que, infelizmente, se tornaram mais importantes do que os próprios textos fundamentais. No meu entender, é nesse nível que encontraremos uma solução, fazendo a nós mesmos perguntas sobre o que é lícito e o que é ilícito em relação ao culto (*ibadats*) e às transações (*muamalats*).

Deveríamos levar em conta aquilo que é útil na nossa época, sem interpretar erroneamente o Alcorão e as elocuções autênticas do Profeta. Ao mesmo tempo, podemos aplicar contribuições das ciências humanas, como a filosofia, a sociologia, a antropologia e a psicologia, que nos permitirão compreender o conteúdo simbólico do Alcorão, o qual está repleto de parábolas. É isso que Deus pede quando diz, no versículo 24 da sura 14: "Não viste como Deus se expressa [sob a forma de uma parábola], comparando uma palavra boa a uma árvore boa, cujas raízes são firmes e cujos ramos se elevam aos céus?" Além disso, considero legítima minha crítica aos ideólogos do Islã (ou mesmo àqueles que se vêem como os protetores de sua prática) porque estou me baseando no *hadith* compilado por al-Bukhari (810-870), segundo o qual "quem faz uso da *ijtihad* e encontra uma solução correta terá duas recompensas; e quem faz uso da *ijtihad* e encontra uma solução errada terá apenas uma recompensa". Portanto, esse *hadith* dá ao legislador o direito de errar, o que é mais provável de acontecer quando os interpretadores não reconhecem as contribuições das ciências humanas modernas.

Mas enfrentamos uma forte resistência e mesmo a marginalização de todos aqueles que tentaram produzir um novo iluminismo teológico. Mesmo os raros inovadores do renascimento árabe-muçulmano do século XIX (como Tahar Haddad, Ali Abderrazak, Taha Houssein, Mohamed Taha, Jamaleddine al-Afghani e Mohamed Abdou) mantiveram-se nos estreitos limites do nível de impacto de sua ideologia. Suas idéias só alcançaram e convenceram um número limitado de pessoas. Alguns deles chegaram a ser perseguidos e atormentados pelas estruturas religiosas oficiais dos nossos regimes ditatoriais.

Tomo a liberdade de ser crítico em relação à minha cultura islâmica e não ao Islã enquanto religião porque continuo convencido de que esse é o único meio de escaparmos do nosso beco sem saída histórico. Na verdade, continuo convencido de que o mundo muçulmano está fechado a todos os valores modernos e é incapaz de praticá-los devido à sua fraqueza intelectual em uma atmosfera de autoritarismo político herdado do nazismo alemão por meio do nacionalismo turco que formou o Eixo com Hitler. Cultivar o "Islã enquanto religião" é, no meu entender, a única maneira pela qual o Islã evitaria ser desprezado não só pelos não-muçulmanos, como também por seus seguidores.

É absolutamente necessário fazer a elite muçulmana adotar uma posição diferente, considerando que a comunidade muçulmana está vivenciando um declínio porque a pureza religiosa inicial foi corrompida. Só há uma maneira para os muçulmanos evitarem a incompreensão, o desprezo e o chauvinismo: uma posição crítica que lhes permita uma abordagem clara e racional da tecnologia e da geopolítica moderna, abordagem essa que foi uma fonte de orgulho durante a Idade de Ouro do Islã.

Já é hora de readquirirmos o domínio de nós mesmos. Já é hora de o mundo árabe-muçulmano enfrentar sua realidade e, se necessário, chegar às mais dolorosas conclusões; só assim poderemos aspirar a um futuro melhor. Também precisamos enfrentar a realidade de que a renda per capita média no solo histórico do Islã não excede a média mundial de US$ 7.350, enquanto alcança US$ 34.260 nos Estados Unidos e US$ 19.320 em Israel. De todo modo, os muçulmanos –ou melhor, aqueles que tomam a liberdade de falar em nome do Islã– são capazes de um incomensurável dispêndio de energia quando se trata de condenar, em nome do Islã, todos aqueles que ousam discordar deles ou sugerir uma nova interpretação ou entendimento da prática religiosa deles. Isso também se aplicou aos xiitas, quando Khomeini tornou lícito o assassinato de Salman Rushdie, e aos sunitas, quando legitimaram o assassinato do poeta Fouda no Egito. Não foi isso que aconteceu em outras religiões monoteístas: livros como *A Religiosa* de Diderot, *Tractatus Theologico-Politicus* de Spinoza e *A Essência do Cristianismo* de Feuerbach não foram proibidos, muito embora desenvolvessem uma crítica aguda da própria religião de seus autores.

Os muçulmanos se unem quando são chamados a reagir contra algum indivíduo cujo discurso tenha um mínimo de racionalidade – como se existisse apenas um único Islã teórico que representasse a verdade absoluta. O Islã sempre foi multifacetado. Você encontra um Islã sunita e um Islã xiita coabitando com um Islã fraternal e um Islã místico, ao lado do chamado Islã político, cada qual com seus subgrupos, cada qual com suas especificidades.

Mesmo no nível da fé, você encontra a primitiva diferenciação histórica entre o Islã motazalita e o Islã acharita, além das quatro grandes tendências inspiradas, cada uma delas, em um imame.

Essa óbvia e reacionária solidariedade muçulmana extrai sua legitimidade do *hadith* do Profeta que diz: "Ajuda teu irmão, seja ele o perseguido ou o perseguidor." Mas eles esquecem que, quando alguém perguntou ao Profeta como se aceitaria ajudar um opressor, ele respondeu: "Cabe a ti impedir teu irmão de perseverar no erro."

Foi esse tipo de comportamento regressivo e reacionário que debilitou e ensombreceu a imagem política, econômica e cultural do Islã em quase todo o mundo. Além disso, o movimento islamista vem manchando cada vez mais a religião de Maomé. É por isso que acredito que eu, embora denunciando suas mentiras e também suas práticas, não estou atacando o Islã enquanto religião; pelo contrário, estou tentando diagnosticar a doença fundamentalista a fim de encontrar o tratamento adequado e erradicá-la, com isso purificando o corpo do Islã. Quando se lida com os islamistas, é sempre bom usar a precisão necessária porque eles são indivíduos totalitários e detalhistas que acreditam no seguinte princípio: "Se você não está comigo, está contra mim." O objetivo deles é marginalizar todos os intelectuais árabes-muçulmanos que não compartilhem suas interpretações restritivas. E, neste ponto, peço a todos os intelectuais que permaneçam atentos e evitem cair na armadilha da autocensura, a armadilha de evitar os temas considerados tabus — como tudo o que se refere à religião. Para isso, será necessário organizar nossa luta e colocá-la a serviço da moralidade, da ética e do bem comum.

Não esqueçamos um exemplo: quando Khomeini passou a sentença (*fatwa*) contra Rushdie sem ter lido seu livro, ele tentou forçar o mundo muçulmano a um processo absoluto de negação do Ocidente. Grande parte da opinião pública do mundo muçulmano, infelizmente, identificou-se com o carrasco e não com a vítima. Aquele episódio causou uma condenação generalizada do Irã e, indiretamente, de todo o mundo muçulmano, pelo tratamento inquisitorial dado a um caso de apostasia;

tais processos impediam, em nome de crenças comunitárias, a existência do indivíduo fora do mito de uma unidade sagrada e indivisível. De acordo com esse mito, o indivíduo só pode existir dentro de uma comunidade de fiéis. Os fanáticos do movimento islamista esquecem que, ao condenar um indivíduo por suas idéias, estão rejeitando o princípio segundo o qual uma sociedade nada mais é que um grupo de indivíduos livres. Por outro lado, eles são capazes de tirar vantagem do princípio da tolerância, exigindo que se respeite seu ressentimento e seu direito de odiar "o outro", porque a identidade deles foi manchada ou injuriada. Bernard Lewis percebeu nossa situação difícil, que começou no século XIX, quando disse: "Finalmente os fundamentalistas lutam contra dois inimigos, o secularismo e a modernidade (...) a luta contra a modernidade não é consciente nem explícita e visa a todo o processo de mudança."[15]

Com isso, desenvolvemos todas essas contradições entre os textos fundamentais e sua interpretação ideológica, por um lado, e, por outro, o "discurso ambíguo" do movimento fundamentalista e particularmente o do wahabismo saudita, que está tentando obter por força o reconhecimento do mundo muçulmano agora que sente sua liderança ameaçada pela revolução islâmica iraniana.

A invasão soviética do Afeganistão foi uma dádiva dos céus para os wahabistas, que fizeram todo o possível para ajudar os mujahidins a libertar o Solo Muçulmano dos soviéticos. Os wahabistas estavam ali representados por Osama bin Laden, que recebia todo apoio do serviço secreto norte-americano. Eles tiveram a oportunidade de difundir sua visão rígida e regressiva de um Islã intolerante que nada tem a ver com suas origens. Tragicamente, foram os norte-americanos que deram à luz os talebans, que eu considero buchas de canhão, símbolo do Islã asiático inspirado no wahabismo saudita. Na verdade, não há qualquer diferença objetiva entre as práticas dos mujahidins do comandante Messaoud e as dos talebans do mulá Omar. Basta ver a mulher coberta pela *burka*, andando feito uma sombra, exatamente como 50% da população da Arábia Saudita, onde as mulheres acabaram de adquirir, sob pressão internacional, o direito de ter a carteira de identidade. A opinião pública internacional denunciou as práticas islamistas do país que é responsável pela existência dos talebans e cujo governo foi reconhecido somente pela Arábia Saudita, pelos Emirados Árabes Unidos e pelo Paquistão (onde eles foram treinados com fundos sauditas). Esse Islã wahabista se destacou não só pela islamização retrógrada na Ásia, mas também por uma prática muçulmana muito específica na África Negra, onde o wahabismo deu à luz aquilo que no continente africano é chamado de talibé. Temos aí, mais uma vez, os alunos das escolas corânicas controladas pelos marabutos que substituíram os mulás. A característica do Islã wahabista africano é ter transformado os talibés em verdadeiros escravos à disposição do marabuto, que os vende aos donos de plantações. Os wahabistas estão –graças ao dinheiro dos Saud, com quem dividem o poder– por trás de todos os atos terroristas que acontecem no mundo, e por cujas ações o Islã é responsabilizado. Entre essas ações estão a tragédia do World Trade Center em 1993, o massacre de 62 turistas em Luxor em 1997, os atentados de Nairóbi e Dar Essalam em 1998, o navio norte-americano em 2000 no Iêmen, o 11 de setembro em Nova York e Washington, sem esquecer os 100.000 argelinos mortos pelo Grupo Islâmico Armado (GIA) e os ataques camicases dos grupos Jihad Islâmica e Hamas na Palestina, que impediram o presidente Yasser Arafat de prosseguir com as negociações de paz.

Atividades suicidas estão completamente proibidas nos *hadith* do Profeta, de acordo com uma interpretação clara do texto fundamental. Mais uma vez, a ideologia islamista e wahabista encorajou uma prática que é totalmente proibida pelo Islã. O *hadith* do Profeta é absolutamente claro a esse respeito: "Aquele que dá a morte a si mesmo, por qualquer meio, será punido com o mesmo meio. Como ele ousa eliminar algo que não lhe pertence?" Este é um princípio muçulmano segundo o qual o corpo humano pertence a Deus, que o confia a nós; nosso papel como seres humanos é o de proteger o corpo e nunca lhe causar dano (compilação de Muslim). É assim que o wahabismo, em vez de respeitar nossa integridade física de acordo com as normas espirituais muçulmanas, tenta impedir que os muçulmanos cuidem do próprio corpo, obrigando os homens a conservar a barba e as mulheres a vestir a *burka*, para lembrá-los de sua total subjugação.

É isso que devemos ter em mente quanto se trata do papel desempenhado pelos wahabistas no movimento islamista internacional que tenta doutrinar os muçulmanos: os islamistas querem convencer os muçulmanos a pôr de lado todos os direitos individuais e se integrar a uma comunidade de fiéis, talhada segundo um velho modelo e nostalgicamente revitalizada sem ser espiritualmente autêntica. Esse, na verdade, é um meio de impedir o progresso do mundo muçulmano.

O fato é que o império muçulmano, fundado sobre princípios religiosos no século VII, não poderá ser ressuscitado, no século XXI, sobre os mesmos princípios. Especialmente nos dias de hoje, o Islã já não é mais um projeto de sociedade; é, isso sim, uma reivindicação de identidade que põe de lado a ética espiritual destinada a elevar o ser humano da condição animal. Já que a identidade é uma experiência variável e mutável segundo a época e o lugar, ela é incapaz de servir de base para a construção de uma sociedade moderna, com as instituições necessárias para a sustentação de um Estado moderno que enfrenta desafios cada vez mais complexos em termos sociais, culturais e políticos. Em vez disso, os wahabistas criaram na Ásia Central uma máquina terrorista muito mais importante que o Taleban: é o Hisbou Attahrir el Islami (Partido da Revolução Islâmica), que atualmente devasta as repúblicas muçulmanas da ex-União Soviética.

O PERFIL PSICOLÓGICO DE UM FUNDAMENTALISMO ISLAMISTA

Todos os fundamentalistas partilham as mesmas idéias com Bin Laden, que representa o protótipo do islamista. Ele nunca teria se tornado um líder sem o apoio financeiro e político da Arábia Saudita e dos serviços secretos norte-americanos.

Todos os fundamentalistas são incapazes de trocar seu autocentrismo por uma autocrítica construtiva. Eles permanecem em um estado de auto-satisfação que beira a psicose. Continuam a se considerar as vítimas eternas, sem se indagar sobre a realidade. Vivem em um mundo imaginário que é controlado por impulsos para o prazer e a segurança. Os islamistas consideram "heróis" os assassinos designados para uma missão e seus camicases são "mártires"; e fazem isso sem levar em conta os alicerces da religião muçulmana.

O fundamentalismo nada mais é que uma negação da realidade. Mesmo sua elite "intelectual" lê apenas as próprias produções literárias, que refletem um narcisismo patológico acompanhado de uma total negação dos debates intelectuais que vêm ocorrendo há dez séculos. Isso confirma a idéia de que o mundo árabe-muçulmano está vivendo à margem da História. O fato é que os islamistas se recusam a ouvir a modernidade, impondo o fascismo contra a democratização.

Os fanáticos poderiam até ser comparados aos viciados em drogas: são "dependentes" de uma ideologia derivada do islamismo. Essa ideologia constitui um verdadeiro desvio dos textos fundamentais do Islã. Seus discursos transmitem apenas ódio racial pelo "outro" e expressam desprezo pelas minorias, mulheres e crianças; além disso, marginalizam todos os discursos que forem diferentes dos seus.

É verdade que nossa cultura não tolera que se lancem dúvidas sobre a ordem estabelecida e, portanto, a marginalização é um problema recorrente. Em conseqüência, os muçulmanos nunca levam em conta o desenvolvimento psicológico de seus filhos; apenas reproduzem a mesma cultura, transmitindo aos filhos a herança de seus ancestrais, para lhes permitir melhor integração em sua sociedade. Esse é um modelo sociológico de educação.

Desse modo, uma pessoa que reproduz a mesma cultura considerará toda nova opinião como uma transgressão da lei social e comunitária.

Os fanáticos negam sentir ódio pelos indivíduos que querem se libertar da influência patriarcal e se tornar responsáveis e independentes. Esses fanáticos expressam uma única necessidade: o pai-líder corporificado pelo imame é, para eles, a única pessoa capaz de protegê-los porque eles, depois da regressão psicológica, se sentem como crianças.

Contudo, quando um homem religioso investe toda sua libido em Deus, seu ego é drenado de sua energia vital, gerando assim os requisitos educacionais que caracterizam o estágio anal do desenvolvimento. Especialmente na nossa cultura, o estágio anal-sádico dura mais tempo do que o recomendado na literatura psicanalítica desenvolvimentista. Parece que nossa cultura tem um potencial de grande escala para promover o pensamento paranóide. Que destino!

Conforme sabemos, é durante o estágio anal que o conflito entre o indivíduo e seu ambiente atinge o auge. Esse conflito se caracteriza pelas mais extremas atitudes sádicas e masoquistas. E é aí que o intervencionismo e as rígidas práticas educacionais intervêm para castrar psicologicamente a criança, causando danos irreversíveis à sua personalidade. Esse é o caso, obviamente, das intervenções do pai e do educador, *moaddeb*, que, como o diretor da *madrasah* talebanesa, representa uma referência educacional. O educador das escolas corânicas (chamado *moallah* no Afeganistão e no Paquistão), é chamado de marabuto na África, onde produz os talibés que são vendidos como escravos nas plantações. O talibé sofre de um sentimento de culpa quando desobedece ao marabuto, que é temido porque simboliza o poder do pai. Essa educação, que caracterizei como rígida e intervencionista, provou ser literal e legalista especialmente quando se trata da educação religiosa. Não há espaço para qualquer reflexão ou especulação sobre a significância (*batin*) dos textos fundamentais. Esta análise não deixa dúvidas quanto à capacidade do movimento islamista wahabista de produzir talebans no Afeganistão, como buchas de canhão, e talibés na África, como escravos. A "influência da autoridade wahabista que é corporificada pela sobriedade de seu edifício religioso", segundo Roger de Pasquier,[16] não reflete a realidade do wahabismo, esse movimento islamista que nutre um ódio total pela democracia e por aqueles que pedem a negociação e o debate para apoiar o valor da responsabilidade individual. Os islamistas preferem produzir idéias reacionárias e permanecer incapazes de comunicação. Eles evitam o ato de pensar como se fosse a peste, pois o debate permitiria a coexistência pacífica das opiniões opostas e isso talvez mostrasse que eles estão errados.

Acredito que é a longa passagem do muçulmano comum pelo estágio anal-sádico, durante seus anos de formação, que causa o aparecimento de um tipo de masoquismo simbolizado pela auto-negação do indivíduo religioso por meio do suicídio (camicase, homem-bomba suicida). Essa morte lhe permite continuar a regressão, recuando do estágio anal até a vida intra-uterina (fetal), que representa uma promessa de beatitude eterna.

Segundo Jung, trata-se de uma regressão que vai além da mãe (*oumma*) e chega até a Grande Mãe, representante dessa comunidade de fiéis que é, na verdade, uma mãe arquetípica que ainda chora a Andaluzia perdida. Tal situação é revivida e estimulada no nível do inconsciente coletivo pela ameaça de perder Jerusalém no conflito entre Israel e a Palestina. Provavelmente é esse lamento que impulsiona o homem-bomba suicida a buscar o "mito materno no qual o homem muda e a partir do qual o homem pode recomeçar".[17]

A História identifica um predecessor de Bin Laden que pertence ao inconsciente coletivo dos muçulmanos: Hassan Sabbah, que em 1065 retirou-se para Alamut a fim de transformar o vale rodeado de montanhas em um paraíso terrestre para seus *hachachin*, os camicases da época, em busca da vida eterna sob efeito de narcóticos. Aqueles "assassinos" ou "gente do haxixe" atacavam e matavam por seus chefes, sem levar em conta a religião das vítimas.(*)

O mesmo ocorre com Osama bin Laden e vários outros fundamentalistas muçulmanos. Bin Laden, claro, tem algumas características específicas que provêm de seu inconsciente pessoal. Nasceu em 1956 na cidade de Meca, o local sagrado do Islã. Seu pai pertencia a uma grande família iemenita de Hadramaut, uma cidade antiqüíssima. Sua mãe, saudita, era uma das 12 esposas do pai. Ele é o filho único da saudita, com 52 irmãos e irmãs. Fez seus estudos de engenharia e se formou em 1979 na Universidade Rei Abdulaziz, de Jeddah. Seus amigos o descreveram como homem profundamente religioso mas "cheio de vaidade", o que talvez seja a forma externa de seu narcisismo ou megalomania.

Os negócios da família o puseram em contato com empresários de Istambul, cidade que estava na rota dos árabes recrutados para ir combater os soviéticos no Afeganistão. Ali ele foi contatado pela CIA, com a qual estabeleceu fortes laços. Decidiu unir-se à resistência afegã nos campos de batalha, em 1980. Permaneceu no Afeganistão até a retirada dos soviéticos em 1989.

No Afeganistão, fez amizade com Goulbouddine Hekmatyar, cujo partido político prega o islamismo mais radical. Passou o ano de 1990 no Sudão, onde conheceu Hassan Attourabi, que o recebeu em seu

(*) Em *Nascer Não Basta: Iniciação e Toxicodependência* (Axis Mundi, São Paulo, 1992, pp.64-71), Luigi Zoja analisa mais detalhadamente a sociedade secreta de Alamut (Nota dos Editores).

partido Frente Islâmica Nacional. Ao mesmo tempo, continuou a supervisionar as entregas de armas ligadas ao tráfico de ópio na província de Helmand, que estava sob proteção do amigo Hekmatyar. (Isso nos faz lembrar de Hassan Sabbah.) De 1990 a 1991, Osama bin Laden viajou freqüentemente em seu jato particular entre Londres e Istambul, onde teve encontros secretos com Turki e agentes do serviço secreto norte-americano. O tópico discutido foi o destino dos combatentes árabes no Afeganistão. Desde 1992, ele se estabeleceu em Cartum (Sudão) para intensificar suas atividades fundamentalistas na Somália e, a partir dali, no resto da África Negra. Também financiou o Grupo Islâmico Armado na Argélia. Nunca deixou de financiar as "comissões de pregação" (*lajnat al-daaoua*) que reagruparam várias facções islamistas paquistanesas. Desde então, tem sido chamado de "o banqueiro da jihad".

Após ter organizado o ataque contra os norte-americanos na Somália, em 1993, perdeu a nacionalidade saudita por meio de um decreto do Ministério do Interior de 6 de abril de 1994 ("os atos irresponsáveis de Bin Laden são contra o interesse do reino"). Na verdade, o "interesse do reino" dependia de boas relações com os EUA, enquanto Bin Laden achava que a presença norte-americana, depois da Guerra do Golfo, arruinava a Terra do Islã. Em maio de 1996, sob pressão saudita, ele deixou o Sudão. Parou em Dubai e Islamabad antes de chegar a Jalalabad, no Afeganistão, quartel-general de Hekmatyar, que estava em conflito armado contra a coalizão Rabbani-Massaud. Foi ali que deu a entrevista à CNN na qual declarou "guerra santa aos Estados Unidos, porque são um país injusto, criminoso e opressor".

O retorno ao Afeganistão também se explicaria pelo avanço do Taleban, que tomou o controle de Cabul em 26 de setembro de 1996 e estabeleceu um regime que logo se mostrou insano, mas que foi reconhecido pela Arábia Saudita, Emirados Árabes Unidos e Paquistão. Embora o Taleban tivesse tomado o controle do tráfico de ópio afegão, Bin Laden o recuperou com ajuda dos serviços secretos paquistaneses, porque era "o banqueiro da jihad".

Como é que tanto dinheiro foi usado para financiar grupos islamistas? Já que o Islã considera os juros bancários (*riba*) um pecado, o movimento islamista wahabista encontrou um subterfúgio para os bancos islâmicos. Quando um empréstimo bancário é concedido, o beneficiário tem de pagar 10% do valor, como taxa islâmica (*zakat*), para alguma instituição de caridade. Essas importantes somas de dinheiro não são mencionadas nos livros contábeis do banco e, dessa maneira, podem financiar diretamente os grupos armados de diferentes regiões.

É um erro acreditar que a Arábia Saudita se dissociou realmente de Bin Laden quando as autoridades sauditas o privaram da nacionalidade e quando seus irmãos declararam rejeitá-lo porque ele era apenas um meio-irmão. A condição de "meio-irmão" não existe em uma sociedade polígama, na qual a prole de todas as esposas de um homem constitui irmãos e irmãs. Ele confirmou esse fato em uma entrevista que deu à CNN em 1997, também revelando que tinha recebido nove vezes sua mãe, o tio e os irmãos.

O regime saudita continuou a apoiar Osama bin Laden, conforme mencionado no livro de Jean-Charles Brisard e Guillaume Dasque: "Na verdade, a relação com Osama bin Laden sempre existiu. Tal como ele indicou em uma nota proveniente de um serviço secreto ocidental, a família Bin Laden tem aplicado rigorosamente, desde o início dos anos 80, o princípio de solidariedade total com seus membros."[18] Já que Osama é muito poderoso, muito próximo dos governantes sauditas, ele agiu com consentimento da autoridade saudita, exatamente como a poderosa família Ben Mahfouz, que também é originária de Hadramaut. Essa família fornece grande parte dos fundos da Internacional Islamista por meio de Khalid Ibn Mahfouz (o equivalente a Osama bin Laden), que foi indicado membro do conselho supremo da Aramco pelo rei Fahd em 1989.

Quanto às características que Osama bin Laden partilha com os outros fanáticos islamistas, tenhamos em mente o que já desenvolvemos: a estagnação no estágio anal-sádico, cujo funcionamento paranóide no adulto está centrado em uma fobia pelas mulheres, justificada pela diferença sexual, que é vista como uma desgraça vergonhosa.

Já que são consideradas objetos sexuais, as mulheres precisam ocultar todas as partes do corpo para não tentarem sexualmente os homens. Esse é o único meio de evitar um sentimento de culpa religiosa. É dever da mulher ajudar o homem a controlar suas emoções e seus impulsos sexuais. Isso nos lembra o pecado original, quando Adão foi afastado por Eva da Lei de Deus. Na verdade, os homens islamistas se irritam profundamente com o desejo sexual que as mulheres despertam neles. Essa é a origem da rejeição da alteridade e daquilo que é diferente. Já que o fanático cresceu em um ambiente cultural que o ajudou a superar essa frustração, ele é incapaz de aceitar quaisquer idéias que vão contra a "verdade" na qual ele acredita. A mulher é vista como a mãe e depois, enquanto educa o filho, como uma traidora. A traição ocorre pelo menos três vezes: quando a mãe, após longo período de amamentação, impõe ao filho um rompimento brutal; quando o garotinho, depois de ter sido mimado no clã feminino, é dele excluído e então se vê no clã masculino, um mundo puritano que considera vergonhosa a diferença sexual. Essa é provavelmente a origem dos casos freqüentes de homossexualismo no mundo árabe-muçulmano.

Com esse pano de fundo, é fácil compreender a condição da mulher na Arábia Saudita e no Afeganistão, e imaginar uma sociedade de homens angustiados pelas frustrações e ansiosos para provar sua força. Quanto à circuncisão, é considerada a terceira traição da mãe. No Islã, a circuncisão não é realizada no recém-nascido, mas no menino bem mais velho, para se distinguir da circuncisão judaica. Realiza-se, portanto, na idade em que o investimento edipiano materno do garoto é mais intenso. A mãe é vista participante dessa dolorosa e sanguinolenta mutilação física. Neste ponto, é útil recordar o pecado original, pois a circuncisão aparece como uma castração genuína e até mesmo como uma punição corporal do desejo. Temos aí um jovem a quem tornaram vulnerável, imaturo e caprichoso, de modo algum preparado para enfrentar a noite de núpcias. Pior ainda, é desse mesmo jovem que a comunidade espera a defloração rápida (seria a rapidez do ato uma prova de potência sexual?) da noiva que sua família autoritariamente escolheu para ele.

Se está em jogo a potência de cada um ou a de todos os homens, simplesmente não sei. Basta dizer que um ato sexual realizado na dor, no sangue e no desprezo só pode mesmo levar ao ódio entre os sexos.

Estamos aqui diante de um homem que não foi encorajado a amadurecer e que, em múltiplas ocasiões, sentiu-se traído pela mãe tão fortemente desejada, sem nunca pôr para fora sua agressividade por ela devido aos tabus culturais e religiosos. A mulher que ele possui, portanto, e todas as outras mulheres serão as receptoras dessa agressão desenfreada; e como são as mulheres que dão a vida, o homem se torna inconscientemente um destruidor da vida, isto é, um terrorista. Tudo isso é sustentado pela culpa original de Eva, que foi expulsa do Éden por causa de sua curiosidade, uma expulsão que se estendeu a toda a raça humana e trouxe a calamidade ao mundo. Talvez seja por isso que o mártir fanático (*shahid*) espera ser recompensado no Paraíso com 72 virgens e 72 esposas à sua disposição. Mas qual é a recompensa que receberá a mulher muçulmana?

Isso também explica dois aspectos do fanático: sua negação dos outros e a suspeita que nutre em relação a eles, especialmente quando expressam opiniões novas ou contrárias às suas. O fanático recusa todo debate envolvendo contradições, na crença de que possui a verdade pura que não admite discussão. Ele reivindica uma condição especial que seus ancestrais foram forçados a abandonar – a perda do Paraíso e a perda da Andaluzia. Essas perdas são agora despertadas pelo risco de também perder Jerusalém no conflito entre Israel e os palestinos.

A estrutura da personalidade dos fanáticos, em geral, carece de flexibilidade; ela é rígida, com fortes convicções baseadas em falsos julgamentos. O objetivo do fanático é simplesmente usar os outros para ganhar entrada no Paraíso por quaisquer meios, incluindo o terrorismo e o assassinato. O fanático é até mesmo capaz de sentir júbilo quando inflige dor e dano ao outro.

Na verdade, eles são delirantes, fortalecidos por uma inabalável convicção que se desenvolve na coerência e clareza de suas metas. Trata-se de um "delírio de cobranças" que desliza sobre a realidade a fim de transgredi-la. Assim, os fanáticos surgem como indivíduos inflexíveis, suscetíveis, vingativos, hostis e idealistas. É a chamada personalidade paranóide que resulta de uma fixação na fase de retenção anal-sádica que já esbocei. É uma personalidade caracterizada pela suspeita, pelo orgulho excessivo, pela rigidez psíquica e pela extrema falsidade de julgamento, na qual as delusões se desenvolvem e ocupam todo o espaço da *persona* após um fracasso.

Trata-se, com freqüência, de idealistas passionais cujas delusões são assimiladas em um *self* ideal imaginário. A delusão começa a partir de um complexo de inferioridade, com toda sua angústia, e cresce, por supercompensação, até se tornar um ego agressivo e sedento de poder.

Os temas da perseguição muitas vezes simbolizam uma defesa contra o homossexualismo, entre personalidades que compartilham tudo num ambiente masculino. Surgem também delusões sistematizadas em setores (neste caso, a demonização dos EUA), que às vezes têm a ver com fatos reais, sendo uma espécie de convicção lógica segundo a qual todas as sensações perturbadoras são atribuídas a uma ação malévola.

O fato é que esses fanáticos têm sido encorajados em sua delusão pela ideologia islamista wahabista, que montou essa máquina agressiva para atingir um objetivo ideológico muito bem sumarizado por Richard Labevière: um islamismo que é solúvel no capitalismo; um islamismo que é um antídoto às tentações nacionalistas; e finalmente, um islamismo que se ergue como muro de defesa contra o sempre possível retorno do socialismo; em suma, um islamismo que seria o aliado indispensável da renovação neoliberal.[19] Vê-se, disso tudo, que o objetivo dessa ideologia é a continuidade do controle e domínio do petróleo, qualquer que seja a raça, a religião ou a cultura das vítimas. Por isso é útil relembrar que suas primeiras vítimas foram os muçulmanos do Afeganistão que estavam no caminho da modernidade, uma modernidade atestada pelo fato de que, nos anos 60 e 70, o Afeganistão estava na mente de muitos líderes europeus. Mais tarde, o povo do Afeganistão foi submetido ao comunismo e à intervenção soviética e então, com dinheiro saudita e norte-americano, o Taleban lançou o país de volta à Idade da Pedra, matando todos os homens que não compartilhavam sua ideologia e violando mulheres e meninas.

O mesmo Bin Laden, com sua auréola islamista, está na origem da matança de não menos que 100.000 muçulmanos na Argélia. Ele é, portanto, um ideólogo político que cinicamente deixou de lado a *charia* que proíbe expressamente um muçulmano de matar outro muçulmano.

Quanto ao "discurso ambíguo" dos ulemás de Al-Azhar, sua duplicidade se revela quando eles, em vez de tornar lícita a eliminação de Bin Laden como assassino, propõem uma "sentença" (*fatwa*) que proíbe todos os países muçulmanos de tomar parte em uma coalizão contra Bin Laden — o mesmo Bin Laden que nunca foi incomodado nos anos em que se aliou aos EUA contra o povo afegão. Em sua intolerância, esses ulemás esquecem que foram os norte-americanos (e não os europeus ou os muçulmanos) que salvaram os muçulmanos da Bósnia-Herzegovina e do Kosovo, chegando até a prender Milosevic e submetê-lo ao Tribunal Penal Internacional.

Os mesmos ulemás de Al-Azhar estão sob o domínio do poder financeiro do wahabismo, essa ideologia obscurantista que condena os homossexuais e as mulheres emancipadas que aspiram a uma condição social mais digna.

Na minha opinião, Osama bin Laden imitou seu ancestral assassino quando aboliu a *charia* e decretou o "reino da verdade e do julgamento final". Está bem claro que as primeiras vítimas do islamismo radical, antes que este se voltasse contra os norte-americanos, foram os próprios muçulmanos.

Por essa razão, estou plenamente convencido de que é impossível existir algo como um islamismo moderado e de que essa ilusão foi fabricada pelo "discurso ambíguo" político. Para isso, um exemplo basta: consideremos o chamado islamismo moderado tunisiano.

Intrigou-me, durante longo tempo, o fato de que as pessoas perseguidas que conseguiram escapar da Tunísia deixaram de lado todas as atividades embaraçosas ao regime que as oprimira e ainda mantinha milhares delas em suas prisões. Agora, dez anos depois, temos a resposta: descobrimos essas pessoas integradas a uma rede internacional de terroristas com objetivos muito mais triunfais. Suas metas terroristas ficam claras quando lembramos que o sudanês Tourabi conseguiu tecer laços amistosos entre o tunisiano Ghannouchi e o saudita Bin Laden.

Ao tentar esboçar um perfil psicológico do inimigo da raça humana, só posso repetir aquilo que Jung disse de Hitler: "Ele pertence à categoria do curandeiro, do místico [visionário, diria eu], do profeta. Há algo sonhador em seus olhos (...) que espelham aquele complexo de inferioridade que é uma característica tão forte dessa categoria. (...) Ele é o alto-falante que amplifica o murmúrio inaudível da alma alemã e o torna audível aos ouvidos do inconsciente alemão. (...) A religião de Hitler está o mais perto possível do Islã [radical], realista, terrena, prometendo recompensas máximas nesta vida, mas com essa espécie de Valhalla muçulmano ao qual os alemães merecedores terão acesso para desfrutar seus prazeres. Tal como o Islã, a religião de Hitler prega a virtude da espada."[20]

O complexo de inferioridade do sujeito pós-colonizado deu nome ao complexo do irmão caçula que está sempre atrasado para o banquete e, portanto, tenta estragar a festa. Bin Laden faz experiências práticas com as teorizações dos islamistas, qualquer que seja seu grau de extremismo. Essa é outra razão pela qual não pode haver um islamismo moderado, certamente não o wahabismo saudita que tem sido a principal fonte ideológica e financeira (embora acobertada) de Bin Laden. Osama bin Laden diz e faz abertamente tudo aquilo que os outros não ousam dizer de público ou dizem somente no "discurso ambíguo". Bin Laden é a sombra deles.

Em última análise, é esse sentimento de triunfo desejado (e a culpa a ele associada) que explica a solidariedade entre os islamistas, os quais exageram incansavelmente os méritos de seus predecessores em uma identificação idealizada com seus ancestrais. É verdade que as forças de segurança tunisianas conseguiram dar fim às atividades dos islamistas e evitar o pior, mas não foram capazes de erradicar o fenômeno; isso, na minha opinião, só se alcançará por meio de um debate público e democrático que exponha os islamistas, de uma vez por todas, ao mais atento escrutínio.

Enfim, para compreender a mente muçulmana é preciso levar em conta dois elementos: o primeiro é o princípio da opacidade, segundo o qual todo árabe-muçulmano obedeceria ao mandamento de ser discreto quando pecar; isso, claro, é uma negação completa da ética, pois nesse mandamento tudo é lícito desde que seja feito com discrição. Esse princípio é um profundo obstáculo à liberdade de expressão e serve para esconder de vista perversões graves como a pedofilia e a zoofilia (casos também explicados pela frustração sexual e emocional). O segundo elemento é a preferência persistente dos árabes e dos muçulmanos pelo calendário lunar; fazendo referência à noite, o ciclo lunar representa um símbolo da morte, em contraste com o Ocidente, que escolheu o ciclo solar. O ciclo do herói solar, segundo Jung, representa o mito da morte e renascimento. Mas os árabes e os muçulmanos têm uma obsessão simbólica radical pela morte. O aspecto irônico é que a astronomia foi uma ciência florescente quando a civilização islâmica estava em seu apogeu, mas hoje está praticamente esquecida. O presidente tunisiano Habib Bourguiba fez uma piada sobre o uso do calendário lunar, sugerindo que, como a festa de aniversário do Profeta ocorre em diferentes estações do ano, poderíamos inferir que o Profeta nasceu mais de uma vez.

Psicanálise da cultura árabe-muçulmana

O pedido explícito dos muçulmanos é viver em paz, mesmo com o terrorismo e o movimento islamista. Na verdade e em última análise, como mostrei, são os muçulmanos que, de maneira sacrifical, suportam o peso do Islã radical.

A questão central, na minha opinião, se situa nesse nível, que é o nível da expiação e do sacrifício. Os islamistas vivem e agem em torno da necessidade de sacrifício. Eles projetam sua sombra sobre o Ocidente, o bode expiatório que é visto como um perseguidor, com sua modernidade que eles temem ou à qual não conseguem se adaptar. Eles reagem com violência e sacrifício real, mas estão em uma fase genuína de regressão. O único sacrifício de que necessitam é simbólico, um sacrifício que finalmente lhes permitiria romper com a *oumma* (tanto no sentido de "mãe" quanto no de "comunidade muçulmana") que foi capaz de reinar, como uma grande civilização, do século VII até o XIV. Sem esse sacrifício, a comunidade árabe-muçulmana permanece como uma cultura singularizada, fixada na fase anal-sádica e que tem vivido regressivamente desde o século X. Para Freud, essa regressão acabaria se detendo na fase da fixação; para Jung, ela iria mais longe e mais fundo, alcançando o inconsciente coletivo, conforme sugere Susanne Kacirek: "Afastando-se de Freud em 1912, Jung ainda leva em conta o trabalho dos instintos durante a regressão e sua dupla relação com o objeto externo e com a imaginação arquetípica."[21]

O muçulmano vive para o objetivo de realizar uma "teocracia igualitária" baseada na submissão e obediência a Deus. Procura observar escrupulosamente os preceitos da *charia* (o Alcorão e a tradição do Profeta) e considera sacrílegos todos os desvios.

Mas as interpretações literais e reacionárias impediram cada muçulmano e toda a Terra Islâmica (*Dar Islam*) de buscar a paz na Terra, levando-os, em vez disso, para a guerra (*Dar El-Harb*). Basta olhar o discurso de Maulana Maududi para compreender esse ponto: "Se você percebeu a verdadeira natureza de um muçulmano, você se convencerá de que ele não consegue viver na humilhação, na servidão ou na submissão; ele está destinado a ser o senhor, e nenhum poder terreno será capaz de dominá-lo ou o subjugar."[22] Tais declarações sustentam a determinação forte e inabalável dos radicais. O Islã, portanto, desenvolveu uma resposta arcaica para suas dificuldades de adaptação, integração e progresso no mundo moderno. Conservou um caráter sacrifical na sua maneira de escolher diferentes bodes expiatórios, vistos como a causa de sua desgraça; bodes expiatórios sobre quem descarregar sua violência. Nas palavras de René Girard: "A religião é o meio inventado pelos homens para extirpar a violência mimética e regular a negação humana."[23] O mundo islâmico não encontrou tempo nem instrumentalidade intelectual para repensar os efeitos ilusórios de seus mecanismos sacrificais; estes, na minha opinião, remontam a reflexos pré-islâmicos na Arábia, onde o espaço era vazio e a violência regulava as relações sociais entre as tribos. Hoje, o Islã precisa ser capaz de controlar sua violência fundamental para ter uma chance de reentrar na História, assim como um ser humano precisa controlar suas emoções para poder se comunicar com outro ser humano.

O erro estaria em responder na mesma moeda, ou seja, aceitar a armadilha da escalada da violência mimética. É nesse nível que o Ocidente deveria desempenhar o papel do psicanalista que nunca interfere nas manifestações surgidas na análise – estas são o mundo islâmico em plena regressão. A regressão é uma liberação de energia para o passado. A energia de que estou falando é a energia libidinal ou vital; o movimento para o passado que mencionei é (como indica a etimologia latina da palavra "regressão") um movimento retrógrado do investimento libidinal. Trata-se de um movimento que, segundo Jung, desperta material psíquico arcaico e o torna disponível para uso consciente. A regressão, contudo, bloqueia o mundo muçulmano em seu movimento para a frente rumo à adaptação, diferenciação e integração na comunidade mundial.

A regressão de que estou falando, no contexto do perfil psicológico do islamista, baseia-se na concepção freudiana de um movimento libidinal para fases anteriores ao desenvolvimento da personalidade amadurecida. Quando existe uma regressão para a fase anal-sádica, podemos esperar que o islamista projete sobre o Ocidente toda a sua problemática paranóica. Essa paranóia se deve, segundo Freud, a frustrações externas que impedem toda satisfação libidinal, impelindo a uma preocupação obsessiva com o controle. Esse retorno regressivo seria um movimento dinâmico atrativo rumo a um desejo de integração no sentido material que Freud define como o desejo da morte.

Para Jung, no entanto, o mundo islâmico teria regredido ao nível libidinal pelos mesmos canais que seguiu durante sua história, reativando a nostalgia pelo material inconsciente que pertence ao inconsciente coletivo. Jung contrapõe regressão a progressão; esta última seria, em suas palavras, "um movimento da vida que prossegue na direção do tempo (...) e da adaptação (...) às exigências impostas pelas condições do meio".[24] O mundo muçulmano parece incapaz de alcançar esse movimento progressivo para frente.

Seu processo de regressão está em movimento desde o século XI, quando o califa El Hakam declarou oficialmente que "as portas da *ijtihad* (esforço de interpretação) foram fechadas". Três séculos, pelo menos, foram necessários para que o material inibido do mundo muçulmano se tornasse energeticamente superinvestido, levando a um aumento de sua desorganização. Os sintomas mórbidos e patogênicos surgiram no século XIV, fazendo do mundo muçulmano um doente. Jung disse a esse respeito: "É somente quando o indivíduo [o mundo muçulmano] persiste nesse estado que se pode falar de desenvolvimento retrógrado, de involução e mesmo de degeneração."[25]

Em sua regressão, o mundo muçulmano perdeu sua energia vital, que retornou ao lugar de origem: "o mundo primordial das possibilidades arquetípicas".[26] Para os muçulmanos, esse mundo abrange os três primeiros séculos, tão valorizados nostalgicamente no inconsciente coletivo. Jung vai mais adiante em seu trabalho quando alerta: "Se a libido permanecer fixada nos objetos maravilhosos do mundo interno, então o homem se torna uma sombra (...) ele está como morto, gravemente doente."[27] É esse complexo de inferioridade, nascido da sombra do mundo árabe-muçulmano, que encontra uma válvula de escape por meio de um mecanismo compensatório e se volta para o ímpeto pelo poder que encontramos nos ideólogos islamistas. Jung propõe uma solução para a operação do desejo da morte, pedindo o sacrifício simbólico da nostalgia a fim de liberar a energia vital e direcioná-la para um movimento progressivo de integração à História que se move para a frente. André

Loupiac acrescenta apropriadamente: "É uma posição imaginária que o ego tem de perder: o ego precisa morrer para essa posição, a fim de que algo mais nasça em seu ser."[28]

O mundo árabe-muçulmano precisa aceitar o sacrifício desse mito de um poderio passado e escolher entre a vida e a morte, ou seja, entre a não-existência e uma nova vida. Pois é no nível da nossa psique e do nosso inconsciente coletivo que esse desejo assegura nossa auto-regulação; é ali que ele deve surgir. Citando Jung novamente: "O instinto de sacrifício tem como fonte o inconsciente."[29]

Precisamos, portanto, abandonar o impulso sacrifical que se voltou para fora segundo um modelo projetivo e reativo. O mundo árabe-muçulmano imagina a agressão infligida pelo mundo externo como castração. E devemos substituir a castração e o medo por um sacrifício simbólico da nossa nostalgia, para liberarmos nossa energia e, portanto, nosso acesso a uma metamorfose do pensamento e do comportamento no mundo árabe-muçulmano. O que se pede do muçulmano não é somente que renuncie libidinalmente à mãe, mas que também abandone a Grande Mãe (arquetípica) que é, segundo Viviane Thibaudier, "o símbolo da fonte e começo de todas as coisas, ou seja, o símbolo da matriz inconsciente"[30] representada, neste caso, pela *oumma* islâmica. O mundo árabe-muçulmano, espero, conseguirá renunciar ao impulso por poder e onipotência – pois, como argumenta Marine Sandor Buthaud, "a solução nasce daí e de maneira inesperada. Consiste na percepção de um ambiente central, mas principalmente na transformação de uma posição nesse ambiente central, por meio da relação com ele. Nesse sentido, é um renascimento".

O homem muçulmano deve, antes de tudo, lidar com a importantíssima questão da condição das mulheres, porque a regressão dele não pára na mãe – ultrapassa a figura da mãe e chega até o "eterno feminino". O conflito com o feminino precisa ser resolvido com urgência e o homem muçulmano poderia começar deixando de projetar sobre as mulheres o mal que ele próprio abriga, o mal que é a própria sombra dele. Assim, ele teria acesso à sublimação que é necessária para toda modificação, pois "a substituição do 'desejo de ser amado' pelo 'desejo de amar' libera a dependência do outro, rompe o fechamento narcisista do ego à reciprocidade e abre a possibilidade de investimento emocional no outro."[31] Também por isso é vital que o muçulmano estabeleça uma relação coerente entre seu ego e o Self, entre o inconsciente e o ego consciente. É a libido ligada à mãe, e mesmo ao "eterno feminino", que deve ser liberada para permitir que o mundo árabe-muçulmano abandone seu ódio por si mesmo, pelas mulheres e pelo "outro" em geral.

É o modo regressivo que leva o muçulmano à transgressão, uma transgressão que ele deverá redirecionar se quiser alcançar uma percepção consciente de suas dificuldades, adquirir o controle de seus impulsos, adaptar-se e se mover para frente. A fim de alcançar tal meta, o Ocidente moderno deve desempenhar o papel do analista cuja ética é a de acompanhar o analisando em sua regressão e permitir-lhe reviver o material psíquico anterior, enquanto permanece analiticamente neutro. E isso deve ocorrer dentro da moldura de uma transferência que não aconteceria no ódio pelo analista, um ódio que é o acessório essencial dos nossos regimes ditatoriais que impedem os muçulmanos de falar livremente. Isso, por sua vez, não deveria impedir o Ocidente de expressar seu potencial agressivo, porque "a onipotência do analista produz no analisando o desejo de sacrifício. Ela age como um elemento destruidor", conforme mencionou Moussa Nabati.[32] É possível interpretrar esse último ponto como uma justificativa da intervenção norte-americana no Afeganistão, o que considero necessário para demonstrar o poderio do Ocidente; tal demonstração, contudo, não iria além da meta de frustrar o grupo islamista e transgovernamental Al-Qaeda. Isso é fortalecido pelo conhecimento de que quem falar estará determinado a permanecer calmo e sua circulação interna de energia se tornará mais fluida. Portanto, um mínimo de liberdade de expressão deve ser permitido no mundo árabe-muçulmano; essa liberdade somente ocorrerá com a democratização e a eliminação das tiranias e ditaduras, no contexto de uma ética global que leva em conta as identidades culturais específicas.

Seguindo minha análise, você poderia concluir que a rigidez se deve à ausência de democratização da vida pública, que é então incapaz de permitir o desenvolvimento do respeito pela individualidade e pela diferença. Ao contrário, existe hoje no mundo árabe-muçulmano uma completa ausência de liberdade de expressão, especialmente quando se trata da demonização dos EUA, aliado e protetor de Israel; tal demonização perverte qualquer análise política e nos remete de volta à condição daquelas nações oprimidas e mal-administradas que se deixaram regredir nostalgicamente para um Islã radical, em vez de se oporem aos seus regimes ditatoriais e tirânicos. Essa confusão fica evidente quando você percebe a ironia da situação: Bin Laden, ex-aliado dos EUA, é declarado inimigo público nº 1, a ser caçado e destruído; enquanto a União Soviética, há pouco escorraçada pela Aliança do Norte do comandante Massud, é o fornecedor de suas armas e máquinas de guerra.

A situação permanecerá imutável enquanto tivermos apenas uma ilhota de democracia num oceano de autoritarismo e ditadura que só pode mesmo produzir o fanatismo. Na verdade, "uma pessoa gentil e razoável pode se tornar insana ou bestial. Inclinamo-nos sempre a atribuir a falha às circunstâncias externas, mas nada vem à frente se já não existir antes".[33]

Essa situação resulta da cooperação do Ocidente com regimes árabes e muçulmanos totalitários e corruptos, especialmente o da Arábia Saudita, que continua a estender ajuda financeira ao obscurantismo, encorajando a mutação de movimentos nacionalistas em movimentos "integristas" sempre em busca de um novo "alvorecer" ajustado à regressão nostálgica, sempre prontos a reafirmar a tradição contra a modernidade, porque esta última exige liberdade individual e democratização. Está claro que, nesse caso, uma solução militar não seria suficiente.

Quanto à ética global, trata-se de um tema novo que surgiu no rastro das numerosas mutações ocorridas recentemente e dos perigos que ameaçam todo o globo. Ela se deve ao fato de que as relações internacionais se tornam cada vez mais globalizadas graças às novas tecnologias e a uma política aceita por praticamente todas as transações globais; o pensamento global também surge em resposta à escassez de recursos e seu rápido esgotamento, ao crescimento desenfreado da população, aos danos causados ao planeta, às guerras entre países e grupos étnicos e, finalmente, à pobreza que afeta a maioria dos habitantes da Terra.

Temos três teses para discutir aqui: a primeira se refere à universalidade de uma norma ética. O conceito de universalidade deve ser entendido num sentido quase "químico", como aquele que permite que as particularidades sejam reveladas. Mas o particular não deve se solidificar em entidades rígidas; ele deve ser abordado, examinado, testado e sustentado (no duplo sentido de nutrido e auxiliado). A universalidade que fez surgir a moderna teoria da ética é hoje contestada pela crítica particularizadora da modernidade. Na atual conjuntura, devemos tratar de dois temas aparentemente contraditórios: a universalidade das particularidades humanas, por um lado, e, pelo outro, a necessidade fundamental de unificação dos seres humanos. As questões que se levantam são: podemos hoje viver sem uma ética global? E será que a pluralidade humana, bem como os diferentes valores culturais que ela transmite, se opõe ao monismo de uma norma ética puramente formal?

A segunda tese, mais recente, se articula em torno da noção de responsabilidade. Temos, em primeiro lugar, a responsabilidade por nós mesmos, nosso corpo e alma, nossas necessidades fundamentais e nossas obrigações, em termos de compromissos concretos, enquanto seres humanos, com a sociedade humana. Depois, temos a responsabilidade pelo outro, o etnicamente diferente, o imigrante, o excluído, por aqueles que nos fazem repensar todos os perigos que ameaçam a pluralidade humana. Finalmente, temos a responsabilidade pelo planeta, pelos perigos que ele enfrenta e pelos danos que já lhe infligimos.

As duas teses acima estão ligadas a uma terceira, que invoca a espinhosa questão da relação entre ética e identidade. Nesse sentido, a primeira pergunta da ética é: "O que devemos fazer?" Essa pergunta tem como complemento: "Quem somos nós para compreender o que deveríamos fazer?" As respostas são tão variadas quanto as identidades. Minha intenção, aqui, é deslocar o debate (traduzido em termos de aparência x realidade, pluralismo x universalismo, Ocidente x outras culturas) para uma noção de *identidade enquanto tensão* entre as necessidades, os hábitos, os valores e os direitos, por um lado, e, por outro, as obrigações e os deveres.

Esse é o caminho mais seguro para impedir que a identidade se torne um obstáculo à ética global, no sentido de que a identidade se apresenta como uma mônada que é um "mundo" genuíno cheio de potencialidades. Esse obstáculo seria evitado com dois movimentos, pelo menos. Primeiro, o reconhecimento de identidades plurais, cuja forma mais visível é o multiculturalismo dentro de um país e entre os países. Formularíamos a norma, começando com a admissão de que "o outro" será diferente de nós e, ainda assim, digno do nosso respeito. A situação da religião nas múltiplas formas por ela assumidas, o uso da ciência e da tecnologia e o recente desafio apresentado à humanidade pela ética (a integridade física e moral) seriam vistos dentro da moldura do princípio das identidades plurais. Em segundo lugar, existe o dever perante a humanidade, que seria assim afirmado: não faças aos outros aquilo que não queres que te façam. Guerra e paz, tolerância e intolerância, civilização mundial e culturas singulares são temas que precisam se entrecruzar sempre que se apresenta a escolha entre um desinteressado "dever de interferência" e uma cínica "obrigação de indiferença". No meu entender, a tragédia de 11/9 aconteceu porque a política externa dos EUA não levou em conta esses dois elementos — uma tragédia que fez todo mundo procurar a origem de tanto ódio. A Guerra do Golfo (uma guerra legítima no sentido de ter como objetivo a proteção das maiores reservas mundiais de petróleo) foi um fracasso no sentido de que os EUA não cumpriram sua promessa de estabelecer uma "nova ordem mundial" nem encontraram uma solução para o conflito entre os palestinos e Israel. Os EUA estavam tão "interessados" na região do Golfo que impediram a Europa de reconstruir o Kuait e, tão logo a guerra acabou, subiram para o Afeganistão.

A guerra afegã foi conseqüência da cínica "obrigação de indiferença" do Ocidente diante dos democratas árabes e muçulmanos que pediam a atenção do mundo para a ameaça do Islã radical. Os países europeus e os EUA, ingenuamente, protegeram e abrigaram aqueles radicais. Fui um dos que gritaram de indignação e angústia durante um debate sobre o Holocausto no Congresso da Associação Internacional de Psicologia Analítica, realizado em Cambridge em agosto de 2001: como pôde a modernidade gerar o "impensável", o nazismo na Europa, o nazismo que Jung apropriadamente comparou ao islamismo radical em 1936? Declarei que é incompreensível que o Ocidente continue, hoje, a ser complacente com esse islamismo fascista. É terrível reconhecer que os países ocidentais cortejaram e até protegeram os regimes corruptos e tiranicamente opressores que geraram esse Islã fundamentalista radical e desumano. O que não consigo compreender é por que, diante da ameaça do Islã fundamentalista, os países ocidentais não formaram uma coalizão, tal como fizeram durante a Segunda Guerra, quando o bloco socialista e o Mundo Livre se uniram para enfrentar Hitler e o nazismo.

Os conflitos recentes reavivaram a questão da universalidade em um mundo ao mesmo tempo unipolar e ameaçado de fragmentação.

Neste início do século XXI, a crescente uniformidade dos modos de viver e pensar não impede as persistentes diferenças regionais e individuais. As diversas culturas são tão movidas pelo desejo de aproximação amigável quanto pela lógica do fechamento e da exclusão.

Esse movimento paradoxal (que opera verticalmente, entre as culturas, e horizontalmente, dentro delas) não parece advogar uma única visão de mundo, embora a hegemonia ocidental pareça evidente.

Desde o Iluminismo, o pensamento ocidental tem se declarado *ratio universalis*. Contudo, essa *razão* que aspira a ser exclusiva nunca deixou de encontrar resistência por parte de populações e comunidades que reivindicam a diferenciação cultural.

Perguntamos, portanto: qual é a reivindicação do Ocidente à universalidade? Seria essa universalidade um mero equivalente da ocidentalização? E essa ocidentalização é um processo de inclusão ou de exclusão das diferenças? Se for de exclusão, como sequer pensar em um encontro entre as culturas?

As perguntas sobre a universalidade prosseguem, enquanto tentamos situá-la entre a realidade existente e um horizonte de idéias: a universalidade permeia todas as culturas de dentro para fora ou se estrutura de fora para dentro? Ela exige um "retorno à origem" ou a aculturação? Em última análise, o que precisamos é saber se a universalidade é simplesmente a globalização de uma cultura dominante e conquistadora, por causa de sua superioridade tecnológica, ou se a globalização é uma abertura constante à alteridade, um ideal em si mesma.

Essas perguntas evocam as idéias sobre o "fundo comum" da natureza humana e nos pedem para investigar possíveis paradigmas universais capazes de explicar o modo de funcionamento e a evolução de todas as culturas.

Além disso, essas perguntas (e muitas outras que não são feitas aqui) dependem de três questões: tradição, modernidade e pós-modernidade. Podemos hoje, portanto, perguntar se as tradições culturais (enquanto somatório de aptidões e hábitos de pensamento) continuam a servir de referência para o conhecimento, a identidade e a legitimidade, ou se elas se tornaram obsoletas. Também é importante averiguar se a modernidade está "fechada" ou se ainda é um processo contínuo. E será que o eventual "fechamento" à religião abriria uma outra forma de experiência e expressão religiosas?

Todas essas perguntas são essenciais para nossa abordagem teórica e clínica e, na minha opinião, devem ser consideradas a partir de duas perspectivas: a vertical, que se move da história humana e da psicanálise para a memória individual e coletiva; e a horizontal, que busca a complementaridade entre as culturas individuais e uma cultura universal. A conexão só ocorrerá no contexto de uma ética global que respeite as identidades culturais específicas. Por isso, não posso deixar de abraçar os cinco princípios éticos que Samuel Huntington e sete outros cientistas políticos afirmaram em sua carta:[34]

> Afirmamos a existência de cinco princípios fundamentais que se referem a todos os povos, sem distinção:
>
> 1. Todos os seres humanos nascem livres, iguais em direitos e em dignidade (Artigo 1º da Declaração Universal dos Direitos Humanos).
> 2. O sujeito fundamental da sociedade é a pessoa humana.
> 3. O papel legítimo do governo é a proteção e preservação das condições que permitam a auto-realização humana.
> 4. Os seres humanos inclinam-se naturalmente para a busca da verdade e das metas supremas da vida. A liberdade de opinião e de consciência é um direito inviolável da pessoa humana.
> 5. Matar em nome de Deus é um ato contrário à crença em Deus.

A traição mais clamorosa da universalidade da crença religiosa ocorre quando o quinto princípio ético não é observado. A observância desses princípios fundamentais e irrefutáveis levaria à secularização do Estado e à democratização da prática política no mundo árabe-muçulmano. Então, os árabes-muçulmanos abandonariam o coletivismo e comunitarismo que até hoje os amordaça e dariam mais importância ao indivíduo — ainda e sempre o objeto primeiro da modernidade. A solução, portanto, deve passar pela moralização do indivíduo, conforme predisse Jung: "Na verdade, somente a mudança na mentalidade do ser individual produzirá a renovação do espírito de um país."[35]

Existe no mundo árabe-muçulmano uma espécie de diluição da responsabilidade individual dentro do grupo, pela qual toda ação singular é percebida pelo grupo como uma transgressão. Essa diluição se deve ao tipo de educação, que já descrevi como uma educação sociológica cuja meta é impor a transmissão da herança cultural por meios autoritários.

Aliás, o elemento comunitário coletivo continua muito poderoso na nossa sociedade, asfixiando o indivíduo, que abandona sua responsabilidade pessoal por causa da intervenção da família em seu espaço individual. Temos, aqui, uma educação que não leva em conta as potencialidades individuais, significativas no nosso entendimento da educação psicológica. A base da educação que desejamos é a liberdade de pensamento e expressão conscientes, uma liberdade que parece essencial para progredirmos rumo a uma mentalidade moderna.

Para evitar essa resistência, a comunicação deve melhorar dentro do próprio indivíduo – isto é, entre sua herança cultural e suas aspirações conscientes, por um lado, e, por outro, entre o indivíduo e o grupo, no qual o indivíduo aspira à autonomia enquanto respeita as exigências coletivas. Esse, no meu entender, é o único caminho que permitirá o surgimento de todas as potencialidades em uma comunidade. Além disso, prevenindo essa diluição da responsabilidade individual na comunidade, certamente evitamos a mediocridade que se tornou um fenômeno geral dos grandes grupos e do mundo árabe-muçulmano em particular. Espero que possamos alcançar uma melhor coesão coletiva –mais intensa, respeitada e respeitosa, isenta de culpa– e, ao mesmo tempo, produzir outra mentalidade muito mais aberta à comunicação e, portanto, à universalidade.

MARCO ZERO: UMA LEITURA

JAMES HILLMAN

UM

Há dois anos, nesse mesmo momento, aproximávamo-nos da virada dos séculos, virada de eras, e uma preocupação pânica apoderou-se do mundo ocidental. Não um pânico visceral, mas algo mais sofisticado e abstrato, algo chamado Y2K: *Year Two Thousand*, o Ano Dois Mil, o *bug* do milênio. Falhariam nossos sistemas eletrônicos porque não haviam sido programados para esses zeros na data do novo século? Faria esse imprevisto zero desaparecer os bancos de dados? Faria com que os computadores não mais enviassem mensagens? Colapsaria o sistema num determinado ponto, instantaneamente causando lapsos e buracos noutro ponto – contas bancárias perdidas, redes de eletricidade, hospitais, serviços de emergência, transportes, linhas de trem, arquivos de governos, laboratórios de controle de doenças, defesas militares, poder nuclear... Uma civilização em risco.

Um amigo meu, homem sério e responsável, membro do comitê da Casa Branca voltado para o Y2K, estava extremamente preocupado. Uma falha aleatória poderia lançar o mundo desenvolvido na confusão, talvez no desastre.

O dia 1º de janeiro de 2000 veio e passou. A transição dos anos novecentos aconteceu sem uma falha sequer. Nenhuma luz se apagou. Um triunfo do planejamento e da previsão racionais, do know-how tecnológico. Os medos tinham sido exagerados, impregnados de premonições religiosas apocalípticas. O mundo podia prosseguir em seus "caminhos metalizados" (*metalled ways* – T.S. Eliot), e o demônio Y2K tinha sido vencido como um dragão imaginário, prostrado aos pés do globalismo tecnológico heróico. O mercado de ações, projetado aos ares pela fé na alta tecnologia, planava a grande altura.

Olhando para trás, deveríamos ter extraído algum fracasso das mandíbulas dessa vitória. Ou, talvez, a vitória tenha sido um fracasso disfarçado. A matança do Dragão Y2K cegou-nos para a realidade de nosso medo da catástrofe, de um momento apocalíptico de enantiodromia, de devastação mundial. Pois o que não ocorreu em 1º/1/2000 de fato aconteceu em 11/9/2001.

Profundas mudanças na consciência escolhem suas datas arbitrariamente. Os historiadores amantes das datas defendem que o século XIX começou em 1798 e que terminou não na noite de Ano Novo de 1899, mas quando afundou o Titanic em 1912, junto a uma grande explosão de arte, ciência e pensamento. O 11/9/2001 tornou-se a data em que a era mudou. Para termos algum entendimento psicológico dessa data, encaminhemo-nos ao próprio lugar, àquilo que é chamado Marco Zero, o centro físico do ponto-zero na mudança da consciência, o lugar das Torres Gêmeas, seu incêndio e sua queda. Erguendo-se altas à luz do sol, todas em vidro e metal ofuscante, brilhantemente acesas à noite, fitando o rio, o porto, a planície e as ruas, tais torres não eram a *orribile torre* cuja porta foi fechada a pregos aprisionando Ugolino e seus filhos no *Inferno* de Dante (33:46); em vez disso, eram esplendores arquitetônicos extraordinários onde entravam e saíam, comerciando com o mundo todo, todos os dias, milhares e milhares de pessoas de 60 nacionalidades diferentes. Precisamente isso, essa magnificência eminente do mundo comercial do século XX, caiu, emblemática de civilizações em queda.

T.S. Eliot usa a imagem da torre em seu poema *The Waste Land* (V):

Falling towers
Jerusalem Athens Alexandria
Vienna London
Unreal...

[Torres cadentes
Jerusalém Atenas Alexandria
Viena Londres
Irreais...]

Preciso deixar mais claro o que quero dizer com um entendimento "psicológico". Ou, ao menos, afirmar o que *não* entendo como psicologia: não um *psicologizar* do *deus ex-machina*, Bin Laden, seus motivos, sua família, suas patologias. Nem um diagnóstico paralelo dos Bush, *pater et filius*, e mamãe Barbara. Nem pretendo dissecar o caráter norte-americano – seu consumismo, sua cegueira isolacionista e devoção infantil à inocência, e o irresponsável *laissez-faire* que acompanha essa inocência. Nem seu cristianismo de boa vontade, nem sua crença otimista no progresso tecnológico como solução para todos os males, seja nos casamentos, seja nos hospitais ou nos campos de batalha. Nem vou me basear na noção junguiana de "sombra", ou seja, a mútua projeção do mal e a mútua identificação com a vontade de Deus, ou na globalização através de 60 nações, tanto de capitalistas quanto de terroristas.

Esses relatos psicológicos, inclusive a psicologia da cultura, o Islã e o Ocidente cristão, enchem os jornais e são propriedade de especialistas esclarecidos, entre os quais não me incluo. Em vez disso, quero explorar com vocês a simples e básica imagem das torres cadentes de um ponto de vista arquetípico ou mítico, a fim de descobrir, talvez, o que a imaginação mais profunda e ahistórica da psique coletiva poderia revelar sobre aquilo que lemos nos jornais.

DOIS

Em primeiro lugar, a Queda, *la Chute*, como discute Gilbert Durand em seu trabalho de mestre, *Les Structures Anthropologiques de l'Imaginaire*. Durand, que já pertenceu à Universidade de Grenoble, segue a direção aberta por Bachelard, Corbin e Jung. Uma fenomenologia da Queda apresenta estes motivos: antes de tudo, medo, vertigem, perda de orientação. Não se sabe para onde se voltar, como agarrar a vida novamente. Há uma sensação de peso extraordinária, de gravidade e de ruína, e a queda está marcada por uma inibição: uma recusa a ascender.

Em segundo lugar, Durand nota que *la Chute* é um fenômeno de "feminização", quer trazida por forças femininas (tal como Eva que supostamente causou a Queda de Adão), quer pela queda em território feminino (Hércules, Belerofonte e Ícaro no mar como maternal) ou na terra, *physis*, material e, ainda, no corpo.

Um terceiro grande conjunto de temas da Queda é a punição, de tal jeito que após a queda bruta do ar —como é mostrado, por exemplo, na iconografia cristã— as pessoas aterrissam nos abismos flamejantes do inferno: partes do corpo despedaçadas, dor, terror, emanações horrendas, fumaças e excrementos.

Não é preciso adentrarmos ainda mais a fantasia para testemunharmos o desempenho da imaginação arquetípica no Marco Zero: fuga em pânico, ansiedades pós-traumáticas, a busca de terapia e religião para encontrar orientação, horror a edifícios altos, resistência a voar, o abrigo em modestas relações familiares, assim como a queda vertiginosa dos mercados financeiros fugindo das altas tecnologias rumo aos pequenos fabricantes dos produtos comuns e diários. Com relação à "feminização": apareceu imediatamente no cuidado e carinho, e na perseverança, que demonstraram os voluntários, os enlutados, os assistentes. Restaurantes distribuíram refeições gratuitas, crianças em idade escolar ofereceram seus sanduíches, comerciantes abriram seus depósitos e refrigeradores. Estranhos foram recebidos em casa, e a eles se deram roupas e abrigo; as portas de Nova York, normalmente cerradas, abriram-se. Os nova-iorquinos não se preocuparam com dinheiro; o valor foi devolvido à alma.

A "feminização" vai ainda mais fundo, e talvez deva perder essa descrição em termos de gênero. Não o feminino, mas, em vez disso, a alma. A alma da cidade emergiu, a alma que habita as ruas, os servidores públicos, a linguagem rude comum, a *gravitas* prática do prefeito Rudolph Giuliani. A alma emergiu das ruínas do espírito, aqueles exemplos do topo, os chefões, as celebridades, os executivos, os profissionais, os políticos. Eles pareciam vazios, posudos, vãos — em alguns casos transformados e repentinamente com os pés no chão.

O terceiro dos temas de Durand, a punição, apareceu também imediatamente após a queda. Pomposos pregadores da direita religiosa interpretaram a catástrofe como a vingativa justiça de Deus aplicada aos EUA em razão de seus pecados: aborto, falta de fé, diversidade religiosa, casamento gay e amor homossexual, promiscuidade e adultério. Os EUA tinham se afastado de sua fé bíblica e degenerado moralmente. Num plano secular, sem as referências bíblicas, os comentaristas de esquerda também moralizaram: os EUA tiveram o que mereceram. Tinham sido avarentos e isolavam-se, ignorando os apuros do resto do mundo. Da direita secular militarista veio ainda uma outra acusação, novamente moralista. Os EUA tinham se tornado suaves e acomodados. Tinham perdido a garra, a força. Estávamos muito frouxos com relação à imigração, muito focados nas pessoas de cor. Nossas leis liberais tinham aleijado a polícia e o FBI. As torres em chamas significavam um chamado para despertar. Era uma nova Pearl Harbor organizada por homens escuros, estranhos e maus –Taleban/Talibã como Calibã– chamando-nos para o rearmamento e para um controle mais rígido da população, suas ações e suas idéias. Acrescidas à dor infligida pela ferida no Marco Zero, os norte-americanos encontraram muitas outras formas de se punir ainda mais.

TRÊS

Voltemos ao Marco Zero para amplificarmos mais a imagem arquetípica da Torre. Alguns dos temas tão bem esboçados por Durand aparecem na tradição das torres. Por exemplo, a torre como antifeminina ou, ao menos, inviolável, autocerrada. Lembremos de Dânae, mãe de Perseu trancada numa torre; lembremos das histórias dos irmãos Grimm – as filhas princesas aprisionadas em torres por implacáveis pais-reis. A torre pertence a Santa Bárbara, decapitada por seu pai. Bárbara como *patronesse* dos arquitetos é invocada como protetora contra o fogo e desastres repentinos. Terão aqueles que erigiram o World Trade Center esquecido de prestar homenagem aos poderes protetores, confiando apenas em seu *design* e construção geniais?

Já no Egito o hieróglifo da torre é "o signo determinante que denota altura ou o ato de levantar-se acima do nível comum da vida e da sociedade". É basicamente "simbólico de ascensão" ou orgulho espiritual, arrogância, *hybris*. [Cirlot]

As torres dominaram muitas cidades da Itália entre 1160 e 1260 – inclusive Milão. A Torre de Asinella, em Bolonha, atingia quase 100 metros. O período feudal, com suas relações de hierarquia, suas estruturas teológicas e arquitetônicas ambiciosas, foi um tempo de torres altas. Mais tarde, como parte das rebeliões contra as *consorterie* das famílias governantes, a altura das torres passou a ser regulada por regras civis. Muitas foram abaixadas, com suas porções mais altas decapitadas, ou simplesmente destruídas.

As torres sozinhas não contam toda a história da queda. Há também o fogo, a causa imediata da queda. Dizem os engenheiros que se os aviões não carregassem tal imenso volume de combustível inflamável, as torres teriam se sustentado e, de fato, elas agüentaram o impacto. Mas o aço de seus ossos derreteu. O fogo as botou no chão. Novamente, cito *The Waste Land*, de T.S. Eliot: *To Carthage then I came / Burning burning burning burning / O Lord Thou pluckest me out.* [Cheguei então a Cartago / Ardendo ardendo ardendo ardendo / Ó Senhor, Tu despojas-me.] Cartago: emblema de uma civilização erradicada. Quão arbitrária a seleção daqueles que foram resgatados e escaparam!

Os filósofos mais antigos a imaginar o fogo foram Empédocles e, especialmente, Heráclito, que defendeu sua proeminência entre os elementos. Para ele, o fogo era uma força cósmica presente em tudo, a alma ou mente do cosmo, uma incessante forma de consciência sempre desperta que corre nas veias de tudo. Se seguirmos essa linha de raciocínio, então o fogo que derrubou as torres tem alma, ou mente, ou intenção consciente além daquela dos pilotos e dos conspiradores; e uma finalidade, para além da simples destruição, uma vez que na visão pré-socrática dos elementos não há apocalipse ígneo, como no final do Testamento cristão, não há *Götterdämmerung* [crepúsculo dos deuses], mas uma eternamente renovada metamorfose cíclica. O caminho para baixo é idêntico ao caminho para cima, diz Heráclito. Assim como Plutão/ Hades, sendo Deus dos mortos e do mundo das trevas, é também Deus das riquezas e da abundância. Os Deuses não são apenas doenças; são também, afinal, Deuses. Estamos arquetípica e miticamente justificados a esperar que algo surja da queda e do fogo.

Mencionei Hades/Plutão, o deus que governava as almas no Mundo das Trevas. Os astrólogos ficam de olho em Plutão como uma força arquetípica de terrível intensidade. Durante o período entre agosto de 2001 e maio de 2002, eles calcularam que Plutão confrontaria Saturno três vezes em oposição direta. Essa oposição ocorre raramente, e a tensão entre esses deuses planetários extremistas é de um tipo extremista. Saturno em Gêmeos, signo aéreo – os Gêmeos: as duas torres, os dois aviões, a dupla insígnia "AA"; Gêmeos, comunicações, comércio, vizinhos, respostas rápidas. Plutão em Sagitário, extensivo, idealista, religioso. O mais elevado signo do fogo. A figura *underground* e sombria de Bin Laden, dono de uma imensa e secreta riqueza e de uma rede subterrânea velada, assume uma caracterização plutoniana, tanto quanto os metódicos e severos generais, velhos guardiões da máquina de guerra norte-americana –armamento pesado, linguagem de chumbo, vigilância de longo alcance– tornam-se missionários de Saturno.

Ordem, imobilidade, estrutura como aço rígido em oposição ao caos, invisível como antraz, imprevisível como fogo. As profundezas do Marco Zero arderam lentamente durante meses e o terror ainda espreita em túneis plutonianos. Enquanto Plutão afeta o saturnino Pentágono com bombardeiros "furtivos", forças secretas e armas que enxergam no escuro, também Saturno afeta os terroristas plutonianos com privação, montanhas geladas e solo estéril; marginais no limite, perseverantes. Ossos saturninos assentam-se fundo nas profundezas plutonianas do Marco Zero.

E não é estranho que o marco seja chamado de "zero"? O zero: um presente árabe para nossas línguas e cálculos ocidentais. Zero, de *zifr*, originariamente significava nada, um nada, um vazio sem conteúdo. *Zifr* também tornou-se "cifra", o signo enigmático que necessita ser decodificado. Na física, um zero refere-se a um ponto a partir do qual as medidas podem prosseguir, quer ascendentemente, quer descendentemente, ele mesmo nem positivo nem negativo. E o círculo redondo simbólico na matemática hindu, de onde veio o sinal, representa começo e fim, tanto plenitude (*purna*) quanto vazio (*sunya*) – número para além do número, essencialmente incalculável, de possibilidades incomensuráveis. Aquela terra devastada nas profundezas da "baixa" Manhattan é o Marco Zero da Possibilidade, vazio do que foi, preenchido por fantasias.

Uma última amplificação, se me permitem: o décimo sexto enigma ou carta do tarô mostra uma torre semidestruída por um raio que atinge seu topo. Embora a imagem da torre seja única, está associada na literatura ocultista com as duas colunas de Jachin e Boaz, representando o poder da vida individualizada. Às vezes, as imagens do tarô mostram pedaços da torre caindo e atingindo um rei e o arquiteto da torre. As leituras do tarô ligam essa alegoria com Escorpião (o domicílio astrológico de Plutão) e supostamente aludem às perigosas conseqüências do excesso de autoconfiança, ou o pecado do orgulho.

Agora, ao final dessas notas, gostaria de refletir por um momento sobre aquela extraordinária torre na Bíblia, a Torre de Babel, e sua destruição por Jeová. Vocês conhecem a história muito bem, claro, mas caso os detalhes tenham sido esquecidos, vamos ler novamente o texto do Gênesis: "Toda a terra usava uma só língua e as mesmas palavras" [11:1]. "E disseram uns aos outros: edifiquemos uma cidade e uma torre cujo cume chegue até os céus. Assim nos faremos famosos. Do contrário, seremos dispersados por toda a face da terra" [11:4].

O Senhor viu isso e disse: "Eis que eles formam um só povo e todos falam a mesma língua. Isto é apenas o começo de seus empreendimentos. Agora nada os impedirá de fazer o que se propuseram" [11:6]. O estudioso bíblico bolonhês Sforno (?-1550) explica que a frase "nada os impedirá de fazer o que se propuseram" significa: "Com tal unidade podem entronizar a idolatria." Podemos buscar essa curiosa relação entre unidade e idolatria mais adiante em nossa conversa.

De qualquer maneira, o Senhor puniu o povo "confundindo-lhes a língua, de modo que já não se entendam uns aos outros" e "os dispersou dali por toda a face da terra" [11:7-8].

Um conto simples e curto, ainda assim Babel atraiu diversos comentários imaginativos. Por exemplo, o tema da torre como antifeminina: os construtores estavam tão concentrados em seu objetivo de atingir os céus pelas próprias mãos que não permitiam que uma mulher em trabalho de parto os interrompesse para dar à luz, e muitas mulheres morreram na construção. E a intenção na qual estavam tão mergulhadas suas mentes era entrar em guerra com Deus e destruir. Evidentemente, o Céu está protegido *não* por nossa escalada para cima, *não* por uma espiritualidade esforçada, mas ao permanecermos no mundo poliglota da diversidade.

A imagem de uma torre que atinge os céus aparece nos mitos de povos de várias regiões: México, Assam, Birmânia e Zambeze, por exemplo. Frazer coletou essas histórias e as reporta em detalhes. A Bíblia, entretanto, ensina uma lição mais complexa através desse mitologema arquetípico. Em primeiro lugar, o conto nos diz que a origem das muitas diferentes línguas é um ato de Deus; em segundo, que a diversidade dos povos também é dada por Deus; e, em terceiro, como aponta um comentarista, cada povo em cada terra tem sua própria fala, sua língua, *angelos* ou mensagem. A diversidade multicultural espalhada pelo mundo é também resultado da queda da Torre de Babel.

No nível mais simples, a história parece dizer que a diversidade é uma punição, uma maldição lançada sobre a humanidade em razão de sua *hybris*, impedindo a humanidade para sempre de falar com uma só voz. Mas, ao olharmos mais profundamente, vemos que a punição do Senhor é, na verdade, uma correção do *erro da unidade*. Quando os povos são todos de um só tipo, têm uma só língua e vivem em um só lugar, algo acontece: são acometidos de ascensionismo. Acreditam que podem escalar os céus e tomá-lo para si. A idolatria do antropocentrismo; a doença do monoteísmo literalizado. Um povo ou uma fé sem diferenças, sem divisão ou dissidência, torna-se presunçoso e farisaico. "A certeza gesta a violência", disse nosso grande jurista Oliver Wendell Holmes. O povo torna-se *Himmelstürmer* ["escalador dos céus"].

Para corrigir esse ascensionismo vertical, que é resultado da unidade, o Senhor espalha o povo horizontalmente sobre a face da Terra. Como em Manhattan quando caíram as torres, as ruas se viram repletas de uma diversidade de pessoas de todo tipo, de toda classe. Voluntários chegavam de longe – Iowa, Virgínia, Canadá. A cidade pôs todo mundo a caminhar, as ruas se encheram. Quando as torres caíram, o espírito caiu na alma. A cidade dos plutocratas de Wall Street aprofundava seus valores, descobrindo uma outra medida de riquezas nas ruínas plutonianas.

A destruição da Torre de Babel por Deus é mais que uma punição, mais que uma correção. É também uma solução. Ela oferece um *insight* excepcionalmente valioso para a compreensão da queda das torres em Manhattan. Se, como nos diz o Gênesis 11, a unidade leva à *hybris*, então devemos ter cautela com toda tentativa de unificação – a teoria dos campos unificados na física, as explicações simplistas da evolução na bioquímica e na biotecnologia, uma só verdadeira religião e uma só forma de praticá-la, uma única interpretação das Escrituras Sagradas, um só sistema econômico globalizado, uma só explicação astrofísica para as origens do cosmo, uma única definição de justiça ou democracia e, acima de tudo, um único sistema de mensuração através de números para estimar o valor. "Há muitas formas de nos ajoelharmos e beijarmos a terra", disse Rumi.

Cada tentativa de unidade ergue-se da ambição e resulta em inflação. O desejo de unidade expressa a *hybris* latente do antropocentrismo racional, buscando conquistar com a mente humana os poderes do mundo invisível que a Bíblia chama de "Céu". Diferentemente dos impulsos do espírito, a alma diferencia as coisas voltando-se para a matéria. Ela se esparrama como uma bruma vaga nos vales, os lugares mais baixos, os baixios, envelopando-se nessa árvore, naquele olhar, naquela lembrança, uma fotografia, um verso de um poema – assim como as pessoas em Nova York depois da queda escreveram nos muros, trouxeram flores para os bombeiros, colocaram fotos de seus desaparecidos em lugares públicos e enlutaram-se junto a estranhos de diversas nações e diferentes línguas.

"Há muitas formas de nos ajoelharmos e beijarmos a terra." A terra na qual agora ajoelha-se nossa civilização é aquele marco chamado Zero, o zero que em si é nada e que não pode ser concebido, e que, ainda assim, como a alma, magnifica tudo o que toca. Seu centro oco reflete aquele vazio que sentimos no fim e no começo. Eliot diz: *To make an end is to make a beginning. / The end is where we start from.* [E alcançar um fim é alcançar um princípio / Fim é o lugar de onde partimos] [*Four Quartets*, IV:5].

Para encontrarmos novamente um caminho depois da catástrofe, fiquemos com a imagem do Marco Zero. Ele simboliza uma ferida no tecido profundo da psique ocidental. Uma ferida é uma emanação na superfície, por baixo da superficialidade. É uma abertura para uma sensibilidade alteada, como um olho que vê e um ouvido que ouve diferentemente, menos alegre, mais acurado, e como uma boca que fala a língua da vulnerabilidade. A ferida no Marco Zero abriu-nos para profundezas que estão abaixo da vida habitual.

Na verdade, o chão foi tão profundamente aberto que o rio Hudson tem de ser escorado para impedir que alguma onda gigantesca inunde os túneis do metrô de Manhattan. Nessas profundezas reinam os deuses do mundo das trevas. Se adotarmos a máxima de Jung –"os Deuses tornaram-se doenças"–, então a ferida no Marco Zero deu acesso a forças arquetípicas bem específicas: Plutão e Saturno.

Como lidar com eles de forma que nosso mundo humano seja menos tomado pela surpresa e pelo terror? Difícil. Enigmático. O mundo antigo considerava Plutão invisível: ele não tinha templos nem altares acima do solo. Saturno era considerado o Senhor do Silêncio, uma figura remotíssima. Eles não aparecem, eles não falam; não podemos nos dirigir a eles diretamente. Mas se fazem sentir como apavorantes pressentimentos por trás da vida do dia-a-dia, como uma contínua sensação de insegurança. Eles são a base do terror. Nossa vulnerabilidade reflete sua presença. Enquanto pudermos admitir a ferida na psique, permaneceremos cientes dos deuses mais sombrios. Infelizmente, a vulnerabilidade foi psicologizada e rotulada de "insegurança", um sintoma a ser remediado. A vulnerabilidade básica que mantém uma abertura para os deuses como presenças sentidas no mundo, essa necessária vulnerabilidade simbolizada pelo Marco Zero, está sendo negada por medidas de maior segurança. Mas a segurança redobrada não mantém afastados os deuses nem remedia nossa suscetibilidade a eles. Temê-los pode ser o começo da sabedoria, como há muito já foi dito, mas também o início da negação: planejar estruturas geniais sobre a ferida e lançar feixes luminosos no céu noturno. A negação de apontar para cima, mesmo enquanto corpos são resgatados dos escombros e seus pedaços são separados e contados no necrotério.

"Em tempo sombrio, o olho começa a ver", escreveu Theodore Roethke num de seus mais conhecidos poemas. O Marco Zero oferece uma imagem do tempo sombrio e de um olho que começa a ver com menos ilusões esperançosas, menos negações orgulhosas, menos ignorância alegre e autocentrada. Esse lugar está tão ativo e impressionante quanto sempre foi, sua atividade agora na imaginação e na memória.

Ele recorda o esplendor das torres e sua queda horrenda, e também os mortos tão completamente decompostos em seu solo. O Zero abrange toda aquela abundância, mesmo em seu silêncio oco. É um ponto de partida, engendrando tanto para cima como para baixo. Tudo o que precisamos fazer, e provavelmente o que temos de melhor a fazer, é ficar com a imagem, tirando as pistas de seu vazio, ainda que perseverantes em nossa atenção ao tipo de visão trazida pela escuridão.

O Papel da Religião na Psicologia do Terrorismo

Ann Belford Ulanov

No rastro da catástrofe causada pelos atentados terroristas à cidade de Nova York e ao Pentágono, percebemos como a religião pode ganhar má fama. As crenças religiosas inflam a destrutividade a uma dimensão cósmica. A destruição de civis inocentes está contida no fazer a vontade de Deus.

Jung é conhecido por seu profundo e contínuo interesse na religião, tanto por suas experiências religiosas subjetivas, que o preocuparam desde tenra idade até a morte, como pelas tradições religiosas oficiais, ocidentais e orientais, convencionais e esotéricas. Ele via a si mesmo produzindo "os fatos que provam que a alma é *naturaliter religiosa*, isto é, possui uma função religiosa. Não inventei nem interpretei essa função, ela produz a si mesma por iniciativa própria".[1] Para Jung, os fatos da religião comunicam-se por meio da psique: "Deus jamais [nos] falou senão na psique e por meio dela, e a psique O entendeu (...) como os olhos enxergam o sol."[2]

Jung nos vê, então, como sobrecarregados por um instinto religioso que nos faz cair doentes se o negligenciamos, distorcemos ou projetamos, assim como certamente será com a repressão, dissociação ou projeção de qualquer um dos outros instintos. Dentro da nossa experiência subjetiva, precisamos entrelaçar esse instinto religioso, que é "um elo vital com os processos psíquicos, independente da consciência e além dela, situado no interior sombrio da psique".[3] De um ponto de vista objetivo, o lado da religião, por assim dizer, somos também inevitavelmente confrontados com o impulso religioso, que é implacável. Ele nasce do Espírito, o qual, como o vento, "sopra onde quer; ouves-lhe o som, mas não sabes de onde vem nem para onde vai" (João 3:8). "A experiência religiosa", diz Jung, "busca a expressão e pode ser expressa apenas 'simbolicamente', pois transcende o entendimento. Ela *deve* ser expressa de um modo ou outro, pois assim é revelada sua força vital imanente. Ela quer se aproximar (...) da vida visível, tomar forma concreta."[4]

Com os atentados terroristas, nosso espaço social e simbólico entrou em colapso. Sofremos uma violenta ruptura em nosso senso de fronteira, limite e corpo; por certo uma ruptura na continuidade do nosso senso do *self*, no nível pessoal e nacional, e particularmente doloroso no caso dos nossos pequenos cidadãos, as crianças, cujo destino agora é nascer numa era marcada por esse abalo. Sobre a criação de um novo espaço social onde os símbolos possam florescer, um espaço que não acolha um oposto com a exclusão do outro (pois as pessoas estão rezando a Deus de lados opostos), Jung diz: "Precisamos escavar até o primitivo em nós (...) até uma nova experiência de Deus."[5] Nesse ponto, podemos abraçar os opostos e suportar a tensão de contê-los a ambos na consciência simultaneamente, até que o novo apareça e sejamos ambos transformados. Queremos um novo campo emocional, onde todos os lados sejam movidos, pela caridade, a descobrir a verdade; onde todos os lados sintam uma autocontenção baseada na percepção de que cada um de nós tem a capacidade de provocar danos.

Para moldar esse espaço, precisamos recorrer ao que sabemos sobre a religião e seu lado destrutivo, e também ao que sabemos sobre a realidade psíquica. Todos estamos diante da questão: o que fazer com o que é ruim. Sabemos que nenhuma das nossas imagens de Deus pode ser equiparada ao transcendente infinitamente livre e sem começo. O que não sabemos tão claramente é que também temos imagens inconscientes de Deus, tanto deuses pessoais como grupais, nossas imagens subjetivas do Sagrado. Essas imagens variam bastante entre nós e são fascinantes, profundamente pessoais e significativas. Para nós, elas tornam próximo, vivo e real o Deus transcendente.

O que é extremamente perigoso, acredito, e as pessoas religiosas estão particularmente expostas a esse perigo, é esquecer a (estar inconsciente da) brecha existente entre nossos deuses privados e grupais e os nomes oficiais de Deus, imagens objetivas de Deus que recebemos das nossas diversas tradições religiosas. Por exemplo, uma criança vê Deus como Cavalo, não um cavalo nem o cavalo, mas Cavalo, o que é muito diferente das tradicionais imagens de Javé na Bíblia hebraica enquanto Refúgio ou Rocha, ou das imagens de Jesus no Novo Testamento enquanto anfitrião da Ceia, ou Deus enquanto a mulher que procura a moeda perdida. Cair na brecha entre nossos retratos subjetivos de Deus e as imagens objetivas de Deus da tradição religiosa significa que, psicologicamente, equiparamos os dois. Caímos na identificação de nosso deus pessoal ou grupal com o Deus da tradição religiosa oficial. Essa inconsciência se personificará sobre nosso vizinho e resultará em intimidação teológica. Se eu identifiquei meu Deus pessoal com o Deus da tradição religiosa, vou exigir que você também identifique o seu com ele. Se não o fizer, você está condenado, é um infiel. Agora eu falo por todo o Islã; eu falo por toda a cristandade.

As imagens subjetivas de Deus podem ser qualquer coisa – o dinheiro, o mercado, a teoria junguiana, um vício, um vislumbre do Sagrado. Tais imagens não são o problema. Elas são o material dos sentimentos associados ao Deus transcendente e insondável. O problema é cair na identificação inconsciente com esses poderosos retratos e, inconscientemente, insistir que somos possuidores da verdade com a qual todos os demais também têm de se identificar.

Ainda mais perigosa é a brecha existente entre todas as imagens humanas de Deus, quer sejam subjetivas (provenientes de nós mesmos ou nossos grupos) ou oficiais (provenientes de nossas tradições religiosas), e o Deus que transcende todas elas. Deus é liberdade infinita, sem começo, imensurável. Quando caímos nessa brecha, quando essa brecha entra em colapso, então nosso retrato subjetivo de Deus, ou nosso Deus grupal, torna-se não apenas o que alardeamos, mas também o que deveria ser a religião de todos os demais, pois agora nossa verdade torna-se *a* verdade para todo o sempre. Não falamos somente por todo o Islã, por toda a cristandade; falamos agora por Deus! Agora possuímos Deus. Estou agora identificado com o Deus vivo, em cujo nome mato a mim e a milhares de outras pessoas que não estão ligadas à minha causa. Acredite no que eu acredito, ou morra. A religião se transforma numa arma, eternamente justificada. Cabe-nos o dever de varrer da face da Terra todos aqueles que não se identificam com essa verdade.

Neste ponto, vemos o lado destrutivo da experiência numinosa. Entrar em contato com o reino arquetípico é fascinante, poderoso, e somos compelidos a personificá-lo de uma ou outra maneira. Podemos cair num estado de possessão, especialmente se formos frágeis no nível emocional e também nos níveis moral e simbólico. Aquilo que somos incapazes de assimilar e canalizar de modo produtivo cai no coletivo, facilmente convocado a se transformar em demônio potencial. Essa energia acumulada explode. Contrastando com a defesa do *Self*, de Fordham, os atentados terroristas revelam ataques do *Self*. A energia arcaica irrompe das dimensões primordiais abalando os continentes coletivos e pessoais. Uma maneira de avaliar o perigo de algum grupo cair sob o controle do demônio potencial é perguntar: a qual lugar foi relegado o feminino? Em que medida a diferença é tolerada? Há liberdade de voto (querendo dizer votação secreta)? Os líderes abandonam os seguidores para serem mortos ou os protegem e lutam ao lado deles? E qual é o valor depositado nesta vida, aqui e agora, em contraste com todo o valor que está sendo protelado até a próxima vida?

Sabemos, de acordo com a psicologia profunda, que o inconsciente existe. Ele é uma realidade psíquica. É uma força repleta de energia ativa que precisa se exprimir em algum lugar. Essa força é coletiva no sentido de que todos nós dela compartilhamos e toda nossa consciência individual nela se origina. A psique é como o corpo. Todos nós o temos, mas cada um tem sua experiência individual dele. Freud fala do inconsciente como um instinto baseado no corpo. Jung usa a palavra "arquetípico" para indicar os padrões em que a energia psíquica se agrega e se manifesta; padrões esses que são discernidos em todas as religiões e mitologias do mundo. Essa energia objetiva flui através de nós, entre nós e nos envolve em suas ondas. Não damos origem a ela nem a inventamos. O inconsciente é um veículo muito poderoso para a experiência religiosa, que galvaniza a energia num nível muito profundo, no nível primordial que mobiliza nossas lutas e esperanças pessoais assim como as da humanidade.

O perigo que assoma quando perdemos de vista as brechas entre as imagens religiosas e o transcendente é que a energia inconsciente jorra incontrolada através de nós. A percepção consciente das brechas entre nossas perspectivas pessoais e grupais e as da humanidade como um todo (sem falar da brecha entre nossa perspectiva humana e o supremo) propicia o que Freud chama de função procrastinadora do pensamento. Nós não podemos ter a certeza de discernir a vontade de Deus; necessitamos de hesitação, meditação, troca de idéias com os outros. Quando incontrolada, essa energia inconsciente invade, infla e domina nosso ego e nossa consciência coletiva. Ela se precipita através de nós; nós somos ela e ela é nós, forças concentradas como as de um tanque cheio de gasolina num avião a jato, derrubando torres com mais de cem andares. A vida dos indivíduos, quer pilotos ou passageiros, é totalmente eclipsada. Essa força nos prende. Existimos em estado de fusão onipotente e não nos importamos. No jargão junguiano, dizemos que o eixo ego-*Self* entrou em colapso e não existe espaço para que os significados simbólicos sejam descobertos e criados. Opostos se colidem e desembocam na cisão paranóide-esquizóide manifestada na mentalidade "ou nós ou eles". Numa entrevista que deu para a TV, vimos Bin Laden interpretar sonhos de torres caindo e aviões se espatifando como símbolos de esperança e poder. Ao mesmo tempo, relatou-se que norte-americanos sonharam com torres ruindo e aviões caindo, mas o resultado foi medo, terror e uma "terrível vulnerabilidade".[6]

Para nós, a religião e as profundezas da psique agem como recursos em nossa presente condição de pesar. Ambas dão testemunho de um centro de realidade que existe, qualquer que seja o nome dado a ele. Nossa tarefa é nos alinharmos a ele e ajudarmos a canalizar sua energia para o espaço pessoal e compartilhado, dando alívio à lamentação, à exaustão e ao pesar que entorpecem a mente, e aos impulsos de vingança e violência. Sabemos, tanto pela religião como pela psicologia profunda, da presença desse centro. Essas duas disciplinas oferecem meios de nos aliarmos a esse centro a fim de criar um espaço social diferente daquele para o qual fomos impelidos pelo medo, pela destruição e pelo sofrimento.

Jung enfatiza o papel crucial da nossa minúscula consciência do ego. Conhecemos esse centro e, simultaneamente, reconhecemos nosso desconhecimento, pois o centro, o "ele", está além de mim, além de nós. Tal misto de conhecer-desconhecer significa a humilde certeza de que não somos ele. É nossa responsabilidade prevenir reciprocamente uma epidemia psíquica, conhecer o centro e saber que não somos ele. A experiência imediata desse centro concede a cada um de nós o senso do absoluto, a marca da certeza. Em termos junguianos, ele nos religa (no sentido original de *religio*) às raízes sombrias e primitivas da psique.[7] Mas sabemos que estamos nos projetando naquilo que Ricoeur chama de "o Totalmente Outro (...) para tomar posse dele e assim preencher o vazio da nossa inconsciência".[8] Desse modo, precisamos tolerar a tensão de um senso simultâneo de certeza e desconhecimento, que provoca a interdependência, pois precisamos juntos examinar e discutir essa fonte que vivenciamos de modos diferentes.

De um ponto de vista religioso, e concordando com as idéias de Jung quando ele diz que "todas as religiões são terapias para os sofrimentos e distúrbios da alma",[9] cada um de nós precisa nomear e identificar as próprias imagens subjetivas do transcendente, não importa como o chamemos. Então o relacionamento com o infinito torna-se pessoal, localizado e, embora incontestável, é relativizado. Cada um de nós encontrará seu próprio retrato do sagrado, um retrato peculiar e pungente que inclui nossos problemas e nossos fortes potenciais.[10] Essa é nossa contribuição ao espaço simbólico criado entre nós, trazendo-nos de volta a um estado vibrante de vida, seja isolados ou juntos. Pois nossas imagens de Deus, tanto as subjetivas como as objetivas, constroem uma ponte até a realidade transcendente e então podemos nela habitar, compartilhá-la, desenterrá-la, comê-la, plantá-la, dá-la de presente, enterrá-la no campo como um tesouro.

Enquanto nossa imagem de Deus vive em nós inconscientemente, ela age como a morfina ou o dinheiro e não toma um interesse pessoal por nós. Não nos sentimos conhecidos por ela e, por isso, não transmitimos ao mundo essa energia primordial. "No símbolo", diz Jung, "é o *próprio mundo* quem fala."[11]

E se nossa conexão com o transcendente foi abalada pelos acontecimentos de 11/9, Jung nos lembra que exatamente onde somos "mais frágeis e menores, é ali que a intercessão ocorre".[12] Jung citava com freqüência estes versos de Hölderlin: "Ali onde está o perigo, surge também a salvação".[13] A religião almeja criar o poder do adulto amoroso opondo-se ao ódio que existe dentro e fora de nós; almeja acreditar que o abismo do amor é mais profundo que o abismo da morte.

Histórias sobre as Histórias

Donald Williams

Imagine um adolescente numa das 7.000 madrassas paquistanesas, as escolas religiosas que produziram o Taleban e que ainda preparam garotos para a *jihad* militar.[1] Ele acorda, com os outros jovens, às três horas da madrugada para estudar e orar, faz uma pausa para brincar às 4h30, toma o desjejum às 7h30, estuda o Alcorão até as 11, dorme duas horas, em seguida reza, estuda, almoça, reza, estuda, reza, janta, depois vai para a mesquita dormir. No decurso de vários anos, ele memorizará o Alcorão em árabe, uma língua que provavelmente não conhece.

Mohammed Ajmal Qadri, o diretor de uma dessas escolas, homem que freqüentemente prega em mesquitas norte-americanas, explicou que 13.000 "guerreiros da jihad" passaram por sua madrassa. "Cedo ou tarde", ele disse, "todas as pessoas precisam tornar-se muçulmanas, inclusive os cristãos e judeus dos Estados Unidos. Conduzir a humanidade é nosso direito divino."[2]

Um dos alunos de Qadri, Obeidulla Anwer, de 14 anos, falando em urdu, esclareceu: "Lutarei pelo Islã e pelo orgulho do Islã. Ferirei os inimigos do Islã. E sei que posso ser ferido ou morto."

Perguntou-se a Obeidulla como ele reconheceria os inimigos do Islã. "Se eu saudá-los com um *salam Aleikum* e eles não retribuírem a saudação", respondeu.[3]

É alarmante imaginar dezenas de milhares de jovens militantes islâmicos que conhecem uma única história e vão medir todos os outros por essa história. Os terroristas do 11 de setembro viviam segundo essa mesma história, ouviam apenas essa história.

Sei, naturalmente, que basta-me caminhar alguns quarteirões até uma igreja próxima para encontrar devotos com uma única história religiosa cheia de fervor. Muitos fundamentalistas cristãos esperam ansiosamente o Fim dos Tempos e a Redenção que levará aos céus todos os verdadeiros crentes e os poupará da Tribulação, enquanto todos os descrentes sofrem. No entanto, em seu caminho para a Redenção, os fundamentalistas cristãos raramente têm intenções de matar os descrentes. Gostando ou não, eles também sabem que as outras pessoas vivem segundo outras histórias.

Quanto mais conhecemos o mundo, mais vemos uma profusão de histórias. Cada história, religiosa ou científica, econômica ou política, é uma tentativa de dar sentido ao mundo. Mas, para todos os efeitos práticos, Qadri e Obeidulla vivem na Idade Média (a educação na madrassa remonta a 1200 d.C.). A "história oficial" para Obeidulla vai entremeando o Alcorão com sua necessidade pessoal de identidade, auto-estima e esperança, e com a realidade da pobreza, do analfabetismo e do isolamento cultural.

Como psicanalistas, somos especialmente capazes de apreciar o valor e o significado da história islâmica; para nós, é natural articular histórias significativas sobre as histórias que as pessoas contam. É improvável, contudo, que um muçulmano entre no consultório do analista, pois sua história, mantida com tanta convicção, não permite uma história alternativa. Todo tipo de psicoterapia baseia-se em contar novas histórias sobre velhas histórias e em cultivar histórias originais, de primeira mão. A história do muçulmano é tão hostil para com nossas histórias quanto as nossas *histórias sobre as histórias* são inevitavelmente hostis para com a dele.

A psicologia junguiana, apesar dos lapsos modernistas, é essencialmente uma história pós-moderna porque Jung afirmou nosso papel na criação contínua do mundo e porque ele admitiu uma profusão de histórias – começando com sua teoria dos tipos psicológicos, criada para explicar as diferenças entre Freud, Adler e ele mesmo, e para explicar as raízes dessas três diferentes teorias, suas histórias. Considere os selos de autenticidade da análise junguiana: "manter a tensão" entre histórias opostas e afirmar, a cada sessão, o valor irredutível da experiência individual. Todas as sessões de análise afirmam que cada pessoa tem uma história, que vale a pena ouvir essa história e refletir sobre ela, e que essa história faz sentido. Todo tipo de psicanálise é uma história sobre as histórias.

Deve ser alarmante para Obeidulla, e para seus companheiros e instrutores na madrassa, pensar que existe uma comunidade global de pessoas que agora se movem entre histórias, assim como poderiam mover-se entre países e moedas. Walter Truett Anderson argumentou que a maior ameaça à paz mundial *não* é a competição entre religiões ou ideologias (histórias), mas sim a "competição entre as diferentes histórias sobre as histórias" – entre as convicções absolutas e relativas sobre a natureza da verdade humana.[4] Escrevendo com presciência em 1990, Anderson disse: "À medida que entramos no século XXI, observemos o grande número de pessoas que fazem todo o possível para retroceder, indo para trás tanto quanto as leve a imaginação."[5] A idéia de criação contínua (ou "construção social") da realidade é, segundo Anderson, "um dos fenômenos psicológica e politicamente mais ameaçadores de toda a história humana".[6]

Obeidulla, o jovem aluno paquistanês, demonstrou mais maturidade psicológica durante a entrevista do que os terroristas que lideraram os atentados de 11 de setembro – apesar de os terroristas serem instruídos e terem sido expostos a diferentes culturas.

> Perguntou-se ao rapaz: "Já que a maioria dos norte-americanos não sabe árabe e não tem como responder à tradicional saudação muçulmana, são eles inimigos do Islã?" O rapaz pareceu confuso. "Não sei", disse, olhando com expectativa para os professores ao redor, que também pareceram confusos diante da pergunta.[7]

Quando a pergunta o deixou confuso, por um momento Obeidulla duvidou de si mesmo, a espécie de dúvida que os outros terroristas devem ter sempre silenciado durante seus anos no Ocidente. O jovem aluno se engrandeceu ao responder "não" quando lhe perguntaram "se todos os não-muçulmanos eram antimuçulmanos".

Não tenho qualquer problema em visualizar Obeidulla na madrassa, estudando o Alcorão às quatro da madrugada ou se preparando para servir em uma jihad. É fácil imaginá-lo lutando na Caxemira — para ele, essa deve ser a única escolha que tem, com seus únicos amigos. Mas estou muito interessado em saber como os garotos e os jovens adultos sobrevivem em uma madrassa fundamentalista, como eles toleram uma história inflexível, nas marcas deixadas pela pobreza, e me pergunto como é possível para eles imaginar um futuro confiável e desejável, se é que existe tal possibilidade.

O QUE PODEMOS APRENDER?

Ao contrário de Obeidulla, Mohamed Atta, piloto do primeiro avião que se chocou contra o World Trade Center, veio de uma família instruída do Cairo. Seu pai era advogado e Atta tinha duas irmãs, uma médica e uma professora de zoologia. Ele estudou arquitetura na Universidade do Cairo, formou-se, foi trabalhar na Alemanha, matriculado numa universidade técnica nos arredores de Hamburgo, e mais tarde defendeu sua tese de mestrado sobre o planejamento urbano de uma antiga cidade islâmica — Atta ganhou o mais alto grau possível.[8] Esse "homem amável", descrito por seu pai como "muito tímido, modesto e altamente sensível", escolheu ser o líder dos terroristas do 11 de setembro, embora tivesse muitas outras identidades ou histórias à sua escolha.[9]

Atta começou a freqüentar a mesquita Al Quds, em Hamburgo, em 1996, mergulhou em uma fé islâmica fundamentalista e se tornou membro de uma célula terrorista. Visitou os campos de treinamento da Al Qaeda, no Afeganistão, do verão de 1997 até o outono de 1998. Durante esse período, Bin Laden declarou que os norte-americanos eram os alvos legítimos de uma "guerra santa" e as embaixadas dos Estados Unidos na África Oriental foram bombardeadas.[10]

Ao contrário dos alunos da madrassa paquistanesa, que talvez não tivessem outra escolha senão a jihad, Mohamed Atta escolheu, já adulto, envolver-se exclusivamente com uma fraternidade religiosa e secreta de terroristas; ele escolheu uma história, um líder carismático.

Podemos ouvir o desejo de Mohamed Atta por uma transcendência violenta nas encantações auto-hipnóticas que ele prescreveu para os outros terroristas em sua última noite. Parafraseando as instruções de Atta:

> Faça um juramento (...)
> Esteja certo de que você conhece bem todos os aspectos do plano (...)
> Leia, no Alcorão, os capítulos tradicionais sobre a guerra (...)
> Lembre-se do que Deus prometeu aos mártires (...)
> Ore durante a noite (...)
> Lembre-se freqüentemente de Deus (...)
> Purifique sua alma de todas as impurezas (...)
> Lembre-se das súplicas (...)
> Abençoe seu corpo com alguns versos do Alcorão (...)
> Verifique sua arma (...)
> Esteja sempre se lembrando de Deus.[11]

Essas instruções (achadas entre suas posses e as de outros terroristas) prescrevem os meios que os terroristas utilizariam para se dissociar do horror de suas ações. De qual Deus os terroristas deviam sempre se lembrar? Certamente não do Deus compassivo que encontramos no Alcorão.

Os estudiosos, enfim, nos informarão mais sobre Atta e os outros terroristas do 11 de setembro, sobre os ambientes familiar, religioso e político que influenciaram seus valores, suas crenças e suas necessidades psicológicas individuais. Nesse meio-tempo, podemos repensar e ampliar nosso conhecimento do fundamentalismo em todas as suas variações. Os psicanalistas criaram um vocabulário rico que nos ajuda a compreender o terror, o ódio assassino, os líderes carismáticos e os seguidores submissos. Podemos confiar no valor centenário do pensamento analítico e em conceitos tais como complexos, objetos internalizados, objetos persecutórios, idealização dos outros, falso *self*, identificações projetivas, a posição paranóide, regressão, a *persona*, dissociação, negação, masoquismo, sadismo, etc.

Temos também décadas de pesquisas sobre personalidades autoritárias, cultos religiosos, líderes carismáticos, processos de pequenos e grandes grupos, etc. Há mais de cinqüenta anos, M. Brewster Smith resumiu as descobertas da psicodinâmica sobre *A Personalidade Autoritária*:

> A personalidade autoritária (...) caracteriza o indivíduo basicamente fraco e dependente que sacrificou sua capacidade de ter uma experiência genuína de si e dos outros, de modo a manter uma ordem e uma segurança precárias. (...) A essa pessoa, alienada dos valores internos, falta a autopercepção consciente. (...) Seus julgamentos são governados por um moralismo punitivo convencional. (...) Seus relacionamentos com os outros dependem de suas idéias sobre o poder (...) nas quais as pessoas figuram mais como meios do que como fins.[12]

Jung proferiu uma das declarações mais precisas sobre a natureza do poder nos relacionamentos humanos: "Onde o amor pára, o poder começa, e também a violência e o terror."[13] Essa única frase bem que serviria de base para novos desenvolvimentos na análise do poder na cultura contemporânea, nos relacionamentos contemporâneos.

Reconhecemos a predominância dos temas do poder toda vez que vemos uma pessoa definindo outra. Não são estranhas a nenhum de nós as formas de manipulação, engodo, persuasão e intimidação que sutilmente corroem a autoconfiança e a auto-estima. Nosso treinamento analítico deveria incluir um estudo cuidadoso dos momentos e lugares em que o amor e os relacionamentos param e começa o poder. A questão psicanalítica a ser lembrada quando examinamos os caminhos do poder é: "Quem está tentando levar quem a acreditar em quê?" Sempre que prevalecem os temas do poder, nossas conversações se tornam exercícios de persuasão e credulidade, quer ocorram em sessões analíticas, na mesa de jantar ou no noticiário televisivo.

Nossas conversações cotidianas oscilam entre o poder e o relacionamento, entre reivindicar ou conceder poder, e as características abertamente exploradoras e reveladoras do relacionamento. Enquanto psicanalistas, precisamos aplicar um discernimento hábil a todas as conversações e vê-las como veículos para definir o que é verdadeiro. Falar, não esqueçamos, é poderoso. Por meio da conversação –sejam os "complexos" diálogos internos ou as trocas face a face– nós constantemente arbitramos a própria natureza da realidade.

Prudentes como as serpentes

Antes de ser preso, o fracassado terrorista Zacarias Moussaoui freqüentou uma escola de aviação em Norman, Oklahoma. Apesar das 57 horas de vôo num Cessna 152, ele era incapaz de pilotar sozinho – uma habilidade adquirida normalmente em 20 horas. Quando, mais tarde, matriculou-se na escola de aviação da Pan Am em Eagan, Minnesota, com a intenção de pilotar um 747, Moussaoui disse a seu instrutor de vôo que viera da França. O instrutor tentou falar francês com ele, mas Moussaoui pareceu não entender. Moussaoui explicou que não vivera muito tempo na França e que nascera no Oriente Médio. O instrutor achou curioso Moussaoui dizer que nascera no Oriente Médio, em vez de identificar o país. Quando lhe pediu mais informações, Moussaoui se tornou beligerante. Mais tarde, o instrutor afirmou que "tentei dizer-lhe que ele estava desperdiçando seu dinheiro", pois era muito descoordenado nos controles e tinha "pouca capacidade de acompanhar as lições".[14]

É neste ponto que a história fica mais interessante. O instrutor de Moussaoui (naquele momento ainda não identificado como terrorista) comentou suas suspeitas com os colegas, um dos quais ofereceu o número de telefone de um amigo que era do FBI. Quando o instrutor telefonou, o agente do FBI encorajou-o energicamente a fazer um relatório completo, mas o encaminhou ao agente errado. O instrutor fez mais três chamadas telefônicas antes de conseguir falar com o agente certo, em 15/8.

> "Você percebe como isso é sério?", o instrutor perguntou ao agente do FBI. "Esse homem quer treinar num 747. Um 747 com o tanque cheio de gasolina pode ser usado como uma arma!"[15]

Moussaoui foi preso no dia seguinte, acusado de violar uma lei da imigração.

Quantos de nós teríamos feito a primeira chamada telefônica? É excepcional que o instrutor de vôo tenha levado sua intuição tão a sério, a ponto de continuar pensando no assunto –o diálogo interno– e então agir baseado nela. Ele teve de ir contra a tendência comum de minimizar as intuições que vão causar conflito, exigir ação e originar pedidos aos outros. O momento em que foi feita a primeira chamada merece ênfase. Não é necessário agirmos de acordo com todas as nossas intuições, mas, como essa história deixa claro, vale a pena refletirmos sobre cada uma delas.

Obviamente o instrutor de vôo contou sua história com eficácia suficiente para ser *ouvida* pelos agentes do FBI de Minneapolis. Eles tentaram obter dos advogados do FBI em Washington um mandato de busca nos bens de Moussaoui, mas o pedido foi recusado apesar de contínuas solicitações.

> Quando os agentes do FBI em Minneapolis finalmente obtiveram o mandato, depois dos atentados de 11 de setembro, encontraram volumosas informações sobre aviões de pulverização de colheitas no disco rígido do computador de Moussaoui, semelhante ao material reunido pelo líder dos seqüestradores, Mohamed Atta.[16]
> Não só precisamos respeitar o suficiente as nossas intuições sombrias, para explorá-las mais, mas acredito que também precisamos, em certas ocasiões, ampliar nossa capacidade de pensar sobre o mal, ter "pensamentos de serpente".
> "Eu vos envio como ovelhas no meio de lobos; sede, pois, prudentes como as serpentes e simples como as pombas" (Mateus 10:16).

Compreender as condições para imaginar o mal é tão ou mais importante do que a tarefa de compreender a psicologia terrorista. Temos as ferramentas psicológicas para compreender Mohamed Atta, Zacarias Moussaoui e Osama bin Laden, mas nos faltam meios qualificados para imaginar o mal.[*]

---

[*] Paul Oppenheimer (1996) observa que a palavra "mal" está reaparecendo nas publicações por causa da "crescente percepção de que ela é a

Não é fácil ser tão prudente como a serpente. Poucas pessoas têm a imaginação para o mal que os terroristas possuem. Os terroristas estão em vantagem sobre nós: sua consciência não põe obstáculos aos objetivos violentos – eles podem pensar em tudo. Eles falharam no aprendizado de valorizar a si mesmos e aos outros – o dilema narcisista. Foram bem-sucedidos no aprendizado de projetar nos outros tudo aquilo que têm de mau em si mesmos e isolar seus inimigos sob a fantasia do mal. Sem as inibições da consciência, da empatia ou da satisfação pelos outros, os terroristas pensam e agem segundo os pensamentos mais sombrios, aos quais o resto de nós resiste.

Por sorte, consigo pensar no mal e também resistir a ele. Quando, por exemplo, sentimos a ameaça de uma guerra nuclear e analisamos seus horrores, a consciência desacelerou o desenvolvimento das estratégias militares. Durante décadas, os Estados Unidos e a União Soviética imaginaram cenários nucleares com grande precisão científica, mas também conduziram "conversações antiarmamentistas", assinaram tratados e evitaram o uso de armas nucleares por mais de 55 anos. À medida que outras nações adquirem armas nucleares, elas também exercitam a restrição.

Os terroristas não têm os recursos das nações para a guerra nuclear, mas é possível que possuam "bombas sujas", uma infinidade de outras armas e estratégias viáveis para a violência em massa. No mundo de hoje precisamos urgentemente nos tornar mais hábeis em manter sob controle a tensão entre a perfídia irrefreada (a serpente) e o interesse deliberado pela paz (a pomba). Muitos de nós somos psicanalistas porque também estamos naturalmente mais voltados à empatia do que ao poder. Do ponto de vista do mundo pós-11/9, acredito que somos compelidos a estender nossos *insights* e práticas psicológicas (escutar, incluir, pensar simbolicamente, etc.) à análise do poder coletivo, da violência e da cultura. Como sentir e pensar estando dentro do mal que

---

única palavra capaz de trazer certos acontecimentos aterradores à nossa esfera de ação intelectual, de diagnose". Ele sente que "outros termos familiares, como 'criminoso' e 'sociopata', não são adequados para descrever os atos monstruosos aos quais se referem".[17]

abominamos e tememos, e ainda assim manter a tensão sob controle? Se pretendemos impedir a violência, o que se exige de nós? Será que nosso pensamento é capaz de acompanhar o dos terroristas, que não compartilham as nossas inibições e muito menos os nossos valores? E será que não estamos, afinal, mais interessados em saber como funciona a mente detetivesca do que a criminosa?

Projeções

Durante uma recente viagem à China, acompanhado de amigos, passei por Langzhou, uma cidade industrial ao sul de Pequim com uma grande população muçulmana. Auxiliados por várias pessoas, finalmente encontramos o escritório da Air China, onde compraríamos a passagem para Xian. Duas jovens que nos ajudaram eram inteligentes, animadas, acessíveis e generosas, e ambas muçulmanas. Um dos membros do nosso pequeno grupo falava chinês e, conforme nossa conversa ficava mais amigável, uma das jovens se arriscou a perguntar por que os norte-americanos odiavam os muçulmanos. Ela realmente queria saber. E ela também queria saber por que nós odiávamos os negros, pois ouvira falar do que acontecera com Rodney King. Não sei se ela percebeu que nós nos perguntávamos por que os muçulmanos odeiam os norte-americanos.[18]

Naquele momento, no pequeno escritório próximo à estação rodoviária de Langzhou, ofereceu-se a cinco de nós a oportunidade de encontrar e dissolver projeções num ambiente de interesse e respeito. Não tive dúvidas de que fomos bem-sucedidos.

Gerações de analistas e pacientes concentraram-se em "recolher as projeções" e assumir a responsabilidade pela sombra que, caso contrário, negaríamos em nós mesmos e condenaríamos nos outros.[*] Isso nos serviu muito bem para identificar o "gancho" das nossas projeções da sombra sobre os outros e então concentrar o grosso da nossa atenção

---

[*] C.G. Jung: "Nada promove mais a compreensão e o *rapprochement* do que o recolhimento mútuo das projeções. (...) O reconhecimento da sombra (...) conduz à modéstia de que necessitamos para admitir a

na integração do doloroso autoconhecimento que adquirimos. No rastro do 11 de setembro, portanto, atenderemos a um impulso terapêutico liberal e consagrado pelo tempo se questionarmos nossa própria violência coletiva.

Mas vamos considerar a sombra do nosso hábito de evitar as projeções. Após cem anos de psicanálise, já procuramos tão automaticamente a fraqueza em nós mesmos que usamos esse impulso "bom" para evitar saber o que sabemos sobre o outro. O "gancho" para as nossas projeções não é um apêndice menor, mas antes uma parte integrante do outro. Nossas avaliações da sombra do outro geralmente são certeiras. É hora, portanto, de examinarmos cuidadosamente a tensão entre a nossa sombra e a exatidão variável das nossas projeções sobre o outro.

Os analistas exortam seus pacientes a examinarem tudo aquilo que estes querem negar em si próprios. Mas nos colocaremos em desvantagem se não aprendermos a aplicar o mesmo escrutínio à sombra do outro. Precisamos aprender a desconstruir nosso desejo de acreditar no "*self* bom" do outro e o desejo dele de que acreditemos em sua bondade; se bem-sucedidos, talvez cheguemos a uma avaliação confiável do outro e de nós mesmos. A confiança duradoura está construída sobre uma desconfiança hábil e oportuna. Há uma enorme diferença entre acreditar na bondade do outro e nos deixar iludir pelo *desejo de acreditar* na bondade dele.

Como analistas, estamos treinados a "manter sob controle a tensão dos opostos", de histórias impossivelmente conflitantes. Nosso dia-a-dia no consultório, de sessão em sessão, consiste em contar histórias sobre as histórias. A psicanálise, portanto, é uma disciplina pós-moderna. Recordemos que somos pré-modernos quando vivemos segundo uma única história, somos modernos quando vivemos rodeados de muitas histórias e somos pós-modernos quando possuímos *histórias sobre as histórias*.

---

imperfeição. E exatamente esse reconhecimento e consideração conscientes é que são necessários sempre que um relacionamento humano está para ser estabelecido."[19]

Esperança e temor

"Nossa esperança é vaga, mas nosso temor é definido": eu costumava pensar que essas palavras de Paul Valéry capturavam a difícil situação dos nossos tempos. Eu sabia que nossos medos eram espantosamente definidos. Jonathan Shell nos mostrou exatamente o que temer, na década de 1980, quando escreveu sobre a guerra nuclear e demonstrou que o "inimaginável" era, na verdade, bastante "imaginável". Em *The Fate of the Earth*, ele descreveu com detalhes vívidos e exatos os estágios da destruição causada por uma explosão nuclear – a começar com o primeiro instante, no "ponto zero", depois se espalhando a partir do epicentro e, mais tarde, a precipitação radioativa e as doenças provocadas pela radiação.[20] Desde então, estamos mais familiarizados com outros medos bem definidos: recessão econômica, superpopulação, aquecimento global, derretimento das calotas polares, mudanças climáticas destrutivas, desflorestamento, erosão do solo arável, diminuição da camada de ozônio, pobreza, fome, guerra e sempre mais poluição de todos os tipos. Nossas esperanças, ao contrário, permaneceram vagas. Parece que é fraca a nossa capacidade de imaginar um futuro verossímil e desejável, um futuro que atrairia as nossas melhores energias, os nossos pensamentos mais sustentáveis. Ainda acho correta a avaliação de Valéry; no entanto, desde o 11 de setembro, penso que continuamos abalados e incertos sobre o que temer e como responder a esse temor.

Em qualquer relacionamento, integrar a sombra que projetamos sobre os outros é apenas metade da história. Não nos movimentamos inteligentemente no mundo sem conhecer também o outro e a sombra do outro. Precisamos conhecer a capacidade do outro para o mal, pelo menos tanto quanto conhecemos a nossa. O 11 de setembro nos ensinou a não subestimar a violência no mundo. Como psicanalistas, estamos familiarizados com a nossa extraordinária capacidade de esquecer, negar, dissociar e evitar. Talvez não fiquemos insensíveis à tragédia do 11 de setembro durante dois ou três anos; porém, nosso estado de alerta ao perigo não vai permanecer naturalmente desperto para sempre. De fato, será que já não estão quase esquecidas as cartas contaminadas por antraz do outono de 2001? Talvez, na análise, possamos ampliar as nossas interpretações da negação e da evasiva, para incluir os terrores que obscurecem a nossa vida comunal.

O que mais nós, analistas e cidadãos psicológicos, podemos fazer para educar nossos corações e mentes em prol deste novo mundo? Faz parte da nossa prática profissional prestar uma cuidadosa atenção e refletir psicologicamente, simbolicamente. Embora reflitamos com mais freqüência sobre a dinâmica intrapsíquica ou os relacionamentos interpessoais, precisamos agora pensar sobre o mundo mais amplo que modelamos e que nos modela. Os tópicos da reflexão psicológica precisam incluir o terrorismo, todos os "ismos", as tradições religiosas, as tendências históricas, os movimentos políticos, os direitos humanos, as mudanças climáticas e muito mais.

Ameaçados e privados de seus direitos civis, os povos do Afeganistão, do Paquistão, do Oriente Médio e de outras nações e regiões merecem os nossos melhores esforços para a compreensão psicológica – o relacionamento, não o poder. Os terroristas fazem um apelo mais dramático à nossa atenção, mas nosso melhor esforço deveria ser direcionado para as pessoas sem voz, não para os "mártires". Permanece como nossa tarefa mais importante avaliar com precisão o que as pessoas desesperadas necessitam e por que o necessitam, e dar a elas aquilo que podemos repartir no momento em que é necessário e não anos mais tarde, quando a fome já as levou.[21]

Com o tempo, espero que encontremos um vocabulário psicológico e métodos para refletir proveitosamente sobre as histórias que contamos a nós mesmos e aos outros acerca do mundo mais amplo – uma psicologia cultural. Nosso treinamento analítico sempre inclui uma reflexão sobre as histórias pessoais não-sancionadas que evitamos contar; adicionemos agora as histórias culturais e políticas não-sancionadas às histórias pessoais que observamos tão habilmente.

Quando acontecimentos mundiais mobilizam nações e exércitos, é útil lembrar que refletir e interpretar também são ações mobilizadoras. Seria bom relembrarmos as palavras do Jung maduro: "O insight que nasce lentamente parece, na minha opinião, ter efeitos mais duradouros do que um idealismo vacilante, que provavelmente não resiste muito tempo."[22] Uma frase mais abrangente de *Memórias, Sonhos, Reflexões* lhe faz boa companhia: "Não sabemos até onde o processo de tomada de consciência se estenderá ou aonde ele levará."[23]

Enfim, podemos nos perguntar novamente para que *serve* nossa consciência. Em geral, nossas tarefas cotidianas são cumpridas de modo mais eficiente quando nossas ações são rotineiras e inconscientes. A consciência, ao contrário, nos serve melhor quando enfrentamos o inesperado, o novo e o futuro. Enquanto analistas, é essa consciência que tentamos trazer a cada sessão de análise. Preparamo-nos para observar, sentir, articular e incluir qualquer coisa que esteja na margem do que é conhecido, qualquer coisa que se revela simbolicamente, presente mas não dita, dita mas não notada, qualquer coisa emergente. Precisamos conhecer mais os mecanismos do mal e o funcionamento do poder, assim como precisamos sentir o pulso das visões críveis e esperançosas sobre o futuro que talvez criemos. Equilibrar o medo e a esperança, contar histórias sobre as histórias – empenhamo-nos em ações que são tão revolucionárias hoje quanto eram em 1900. Somos, cada um de nós, nas palavras oportunas de Jung, os "criadores secundários" do mundo.[24]

Referências Bibliográficas

Prefácio

LUIGI ZOJA

[1] Robert Jay Lifton e Greg Mitchell, *Hiroshima in America: Fifty Years of Denial*, Putnam, Nova York, 1995.

[2] Jean Baudrillard, *Le Crime Parfait*, Galilée, Paris, 1995.

[3] O texto de Roberto Buffagni, "Con gli occhi di un occidentale", foi publicado na edição italiana deste livro (*L'Incubo Globale*, Moretti & Vitali, Bergamo, setembro de 2002).

[4] "What we're fighting for", fevereiro de 2002.

Prefácio à edição original

ROBERT HINSHAW

[1] Para uma fascinante abordagem do assunto, ver "Comentário sobre 'O Segredo da Flor de Ouro'" em C.G. Jung, *Estudos Alquímicos*, CW 13, Princeton, 1967. [CW é a abreviatura de *Complete Works*, "Obras Completas".]

[2] Jung contou essa história a vários amigos, como C.A. Meier, Aniela Jaffé e Liliane Frey-Rohn. Para uma versão escrita, ver C.G. Jung, *Mysterium Coniunctionis*, CW 14, Princeton, 1963, p.419, nota 211.

Os dois lados do Atlântico

LUIGI ZOJA

[1] C.G. Jung, *Nietzsche's Zarathustra: Notes on the Seminars given in 1934-39*, Vol.I, Princeton University Press, Princeton, NJ, 1988.

[2] Ver, por exemplo, o *New Yorker* de 26 de novembro de 2001, p.124.

[3] T. Sommer, *Die Zeit*, 11 de outubro de 2001.

[4] R. Girard, *La Violence et le Sacré* e *Le Bouc Émissaire* (Grasset, Paris, 1972 e 1982 respectivamente).

[5] K. Jaspers, *Die Schuldfrage*, Piper, Munique, 1946.

[6] "Vergangenheit, die nicht vergehen will", *Frankfurter Allgemeine Zeitung*, 6 de junho de 1986.

[7] Jaspers, op.cit.

O terrorismo islâmico — Wolfgang Giegerich

[1] In *Frankfurter Allgemeine Zeitung*, 8 de novembro de 2001, p.45.

[2] C.G. Jung, CW 18 § 627.

[3] W. Giegerich, "Zuerst Schatten, dann Anima. Oder: Die Ankunft des Gastes. Schattenintegration und die Entstehung der Psychologie", in GORGO 15/1988, pp.5-28. Em inglês: "The Advent of the Guest: Shadow Integration and the Rise of Psychology", in *Spring* 51 (1991), pp.86-106.

[4] Abbas Baydoun, "Unser Wahn. Die Krise Arabischer Intellektueller", in FAZ 261, 9 de novembro de 2001, p.45.

[5] "Krieg oder Karambolage? Gespräch mit dem Schriftsteller und Regisseur Alexander Kluge", in *Stuttgarter Zeitung* 258, 2001.

[6] Karl-Peter Schwarz, "Die Prager Weltethik", in FAZ 242, 18 de outubro de 2001, p.16.

[7] Ésquilo, *Agamenon*, linha 177.

O terror e o templo — Victor-Pierre Stirnimann

[1] C. Ginzburg, *Olhos de Madeira*, Companhia das Letras, São Paulo, 2001.

[2] J.-P. Vernant, *La mort dans les yeux: Figures de l'Autre en Grèce ancienne*, Paris, Hachette, 1985.

[3] F. Nietzsche, *O Nascimento da Tragédia*, Seção XVII.

[4] *Ibid.*, Seção XVIII.

[5] Ver P. Virilio, *A Landscape of Events*, MIT Press, 2000.

Um lugar seguro — Verena Kast

[1] Jürgen Habermas, *Vergangenheit als Zukunft*, Pendo-Profile, Zurique, 1990.

[2] Mary Williams, "The Fear of Death", *Journal of Analytical Psychology*, Vol.3, 1958, pp.157-165.

Do wahabismo ao talebanismo — Hechmi Dhaoui

[1] Noam Chomsky, "Le nouveau visage du monde", in *Le Monde Diplomatique*, 2001, nº 573.

[2] C.G. Jung, *Métamorphoses de l'Âme et ses Symbols*, George Editeur Genebra, 1989.

[3] Sandor Ferenczi, "Importance de la psychanalyse dans la justice et dans la société", in *Psychanalyse II*, Payot, Paris, 1970.

[4] Fernand Braudel, *Les Mémoires de la Méditerranée*, Editions de Fallois, Paris, 1998.

[5] Maya Malet, "Monothéisme et psychanalyse", in PUF, 2001, p.67.

[6] Rached Rochdi, *L'Histoire des Sciences Arabes*, Seuil, Paris, 1997.

[7] Hechmi Dhaoui, *Pour une Psychanalyse Maghrébine*, L'Harmattan, Paris, 2000.

[8] Mohamed Charfi, "Islam et Liberté", in *Le Malentendu Historique*, Albin Michel, 1998.

[9] Samuel Huntington, *Le Choc des Civilisations*, Odile Jacob, 1997.

[10] Edgard Morin e Sami Nair, *Une Politique de Civilisation*, Arlea, 1977, p.245.

[11] Jean Lambert, *Le Dieu Distribué, une Anthropologie Comparée des Monothéismes*, Certf, 1995, p.254.

[12] C.G. Jung, *Jung Parle, Rencontres et Interviews*, Buchet/Chastel, 1995.

[13] Eric Rouleau, *Israël et les Arabes: Le 3è Combat*, Seuil, 1967.

[14] Abu Hmed Al Ghazali, "Reviviscence des sciences religieuses", in *Maison du Livre Scientifique*, Beirute, 1992.

[15] Bernard Lewis, *Le Retour de l'Islam*, Gallimard, 1986.

[16] Roger de Pasquier, *L'Islam entre Tradition et Révolution*, Édition Tougui, 1997.

[17] Elie G. Humbert, "Le prix du symbole", in *Cahiers de Psychologie Jungienne* 25, 1980, "Le sacrifice", pp.31-45.

[18] Jean-Charles Brisard e Guillaume Dasque, *Bin Laden: la Vérité Interdite*, Denoël Impacts, 2001.

[19] Richard Labevière, *Les Dollars de la Terreur*, Grasset, 2001.

[20] C.G. Jung, *Jung Parle, Rencontres et Interviews*, op.cit.

[21] Susanne Kacirek, "Origine de la théorie junguienne de la régression", in *Cahiers de Psychologie Jungienne* 47, 1985, pp.29-45.

[22] Maulana Maududi, *Comprendre l'Islam* (publicado por uma fundação islâmica com sede em Leicester, Reino Unido; na França, foi traduzido e distribuído clandestinamente entre os islamistas).

[23] René Girard, *La Violence et le Sacré*, Grasset, Paris, 1972.

[24] C.G. Jung, *L'Énergétique Psychique*, Georg Editeur, Genebra, 1993.

[25] Ibid.

[26] Ibid.

[27] C.G. Jung, *Métamorphoses de l'Âme*, op.cit.

[28] André Loupiac, "Castration et individuation", in *Cahiers de Psychologie Jungienne* 10, 1976, "Sacrifice et castration", pp.43-55.

[29] C.G. Jung, *Métamorphoses de l'Âme*, op.cit.

[30] Viviane Thibaudier, "La notion de grand mère dans l'optique jungienne", in *Cahiers Jungiens de Psychanalyse* 57, 1988, pp.1-16.

[31] Jean-Luc Donnet, "Processus culturel et sublimation", in *Revue Française de Psychanalyse*, Tomo LXII, "La sublimation", 1998, pp.1053-1067.

[32] Moussa Nabati, "L'agressivité de l'analyste", in *Cahiers de Psychologie Jungienne* 49, 1986, pp.37-48.

[33] C.G. Jung, *Psychologie et Religion*, Buchet/Chastel, 1958.

[34] *La Presse de Tunisie*, caderno *Monde*, p.IV, 25 de fevereiro de 2002.

[35] C.G. Jung, *Aspects du Drâme Contemporain*, Georg Editeurs, Genebra, 1990, p.217.

O PAPEL DA RELIGIÃO — ANN BELFORD ULANOV

[1] C.G. Jung, *Psychology and Alchemy*, Pantheon, Nova York, 1953/1966, CW 12 § 14.

[2] C.G. Jung, *Letters 1: 1906-1950*, Princeton University Press, Princeton, NJ, 1973, 15 de agosto de 1932, p.98.

[3] C.G. Jung, "The Psychology of the Child Archetype", CW 9:1, *The Archetypes and the Collective Unconscious*, Pantheon, Nova York, 1940/1959, § 261.

[4] C.G. Jung, *Letters 1*, 10 de janeiro de 1929, p.59.

[5] C.G. Jung, *Letters 1*, 26 de maio de 1923, p.40.

[6] K. Bulkeley, ensaio apresentado na American Academy of Religion em novembro de 2001.

[7] C.G. Jung, "The Psychology of the Child Archetype", § 271.

[8] P. Ricoeur, *Freud and Philosophy*, Dennis Savage (trad.), Yale University Press, New Haven, CT, 1970, p.531.

[9] C.G. Jung, "Commentary on The Secret of the Golden Flower", CW 13, *Alchemical Studies*, Princeton University Press, Princeton, NJ, 1929/1967, § 71.

[10] A.B. Ulanov, *Attacked by Poison Ivy: A Psychological Understanding*, Nicolas-Hays, York Beach, Maine, 2001, pp.142-152.

[11] C.G. Jung, "The Psychology of the Child Archetype", § 291.

[12] C.G. Jung, *Dream Analysis: Notes of a Seminar Given in 1929-30*, William McGuire (org.), Princeton University Press, Princeton, NJ, 1984, p.506.

[13] C.G. Jung, CW 5, *Symbols of Transformation*, Princeton University Press, Princeton, NJ, 1952/1974, § 630 e segs.

HISTÓRIAS SOBRE AS HISTÓRIAS — DONALD WILLIAMS

[1] "With Pakistan's Schools in Tatters, Madrasahs Spawn Young Warriors", de Peter Fritsch. wsjclassrooomedition.com/tj_100201_madr.htm. *The Wall Street Journal Classroom Edition*, 2 de outubro de 2001.

[2] "Pakistan's Jihad Hatcheries", de Ben Barber, correspondente do Depar-

tamento de Estado para o *Washington Times*. www.worldandi .com/public/2001/December/jihad.html

[3] *Ibid.*

[4] Walter Truett Anderson, *Reality Isn't What It Used To Be.* p.267.

[5] *Ibid.* p.195.

[6] *Ibid.* pp.26-27.

[7] Barber, wsjclassrooomedition.com/tj_100201_madr.htm

[8] *Inside the Terror Network: Chronology of the Sept. 11 Terror Plot.* PBS online, 2002, e wgbh/frontline. www.pbs.org/wgbh/pages/frontline/shows/network/personal/cron.html

[9] *Inside the Terror Network: Who Were They?* PBS online, 2002, e wgbh/frontline. www.pbs.org/wgbh/pages/frontline/shows/network/personal/whowere.html

[10] *Inside the Terror Network: Chronology of the Sept. 11 Terror Plot.* PBS, 2002, www.pbs.org/wgbh/pages/frontline/shows/network/personal/cron.html

[11] *Inside the Terror Network: Instructions for the Last Night.* PBS online, 2002, e wgbh/frontline, www.pbs.org/wgbh/pages/frontline/shows/network/personal/instructions.html

[12] M. Brewster Smith, prefácio para *Enemies of Freedom: Understanding Right-Wing Authoritarianism*, de Bob Altemeyer. Jossey-Bass Publishers, San Francisco, 1988.

[13] C.G. Jung, "The Undiscovered Self", in *The Undiscovered Self with Symbols and the Interpretation of Dreams.* Princeton University Press, 1990, p.57.

[14] "Eagan flight trainer wouldn't let unease about Moussaoui rest", de Greg Gordon. *Minneapolis-St.Paul Star Tribune.* Publicado em 21 de dezembro de 2001. www.startribune.com/stories/1576/913687.html

[15] *Ibid.*

[16] *Ibid.*

[17] Incluído em "Evil as Love and as Liberation", da Dra. Ruth Stein, ensaio apresentado no programa *Terror and Aftermath: Perspectives on the WTC Tragedy* em 29 de outubro de 2001 no NYU Medical Center e publicado online em psychematters.com/papers/stein.htm

[18] Ver "Impossible Histories: Why the many Islams cannot be simpli-

fied", de Edward W. Said. O artigo contém uma crítica inestimável dos escritos de Bernard Lewis sobre o ódio muçulmano. *Harper's Magazine*. Nova York, julho de 2002. Para melhor conhecer Lewis, ver "Coming to Grips with Jihad: Why so many Muslims deeply resent the West, and why their bitterness will not easily be mollified", de Bernard Lewis, em *The AtlanticOnline*. Setembro de 1990. www.theatlantic.com/issues/90sep/rage.htm

[19] C.G. Jung, "The Undiscovered Self", op.cit., pp.56-57.

[20] Jonathan Schell, *The Fate of the Earth and The Abolition*, Stanford University Press, 2000.

[21] Reynolds Price, *A Generous Man*, Atheneum, Nova York, 1966.

[22] C.G. Jung, "The Undiscovered Self", op.cit., p.57.

[23] C.G. Jung, *Memories, Dreams, Reflections*, Vintage Books, Nova York, 1965, p.340.

[24] *Ibid.*, p.256.

Sobre os Autores

Adolf Guggenbühl-Craig

Psiquiatra em Zurique e ex-presidente do C.G. Jung Institute, naquela cidade, e da IAAP (Associação Internacional de Psicologia Analítica). Dentre suas numerosas publicações se incluem *Power in the Helping Professions* e *Marriage: Dead or Alive* (ambos da Spring Publications, Woodstock).

Ann Belford Ulanov

Analista junguiana com consultório particular; membro do corpo docente e analista supervisora do New York Institute for Analytical Psychology; professora de psiquiatria e religião na cadeira Christiane Brooks Johnson Memorial do Union Theological Seminary, Nova York. É autora de *Finding Space: Winnicott, God, and Psychic Reality* (março de 2001); *The Functioning Transcendent: A Study in Analytical Psychology; The Female Ancestors of Christ; The Healing Imagination: The Meeting of Psyche and Soul; Religion and the Spiritual in Carl Jung*; e outros livros.

Donald Williams

Analista junguiano com clínica particular em Boulder, Colorado. É editor da página sobre C.G. Jung (www.cgjungpage.org) desde 1995 e *webmaster* da International Association for Analytical Psychology (www.iaap.org) e tem contribuído com artigos para *Jung and Film, The Soul of Popular Culture, The San Francisco Library Journal* e outras publicações.

Hechmi Dhaoui

Psiquiatra, psicanalista e membro-fundador do Orient Occident, um grupo privado de pesquisas científicas. É membro individual da IAAP e autor de inúmeros livros, incluindo *The Travels of Carl Gustav Jung in Africa* (Afanine, Túnis, 1998), *Pour une Psychanalyse Maghrébine* (L'Harmattan, Paris, 2000) e *L'Amour en Islam* (L'Harmattan, Paris, 2001).

James Hillman

Analista junguiano treinado em Zurique e escritor. Reside hoje em Connecticut. Foi Diretor de Estudos do Instituto Jung em Zurique e editor da Spring Publications desde os anos 70. Seus inúmeros livros incluem: *Tipos de Poder* (Cultura Editores/Axis Mundi Editora, 2001), *O Código do Ser*, *O Livro do Puer*, *O Mito da Análise*, *Cidade & Alma*.

Luigi Zoja

Formou-se em psicologia analítica pelo Instituto C.G. Jung de Zurique e foi presidente da IAAP. Trabalhou alguns anos em Nova York e atualmente reside em Milão, sua terra natal. Seus livros *História da Arrogância: Psicologia e Limites do Desenvolvimento Humano* e *Nascer não Basta: Iniciação e Toxicodependência* já foram publicados pela Axis Mundi Editora, que lançará também as traduções de *Il Gesto di Ettore: Preistoria, Storia, Attualità e Scomparsa del Padre (The Father: Historical, Psychological and Cultural Perspectives)* e *Coltivare l'Anima.*

Verena Kast

Professora na Universidade de Zurique, analista-orientadora no Jung Institute, em Zurique, e ex-presidente da IAAP. Dentre os seus muitos livros se incluem *Joy, Inspiration and Hope*, *A Time to Mourn* e *Sisyphus*.

Victor-Pierre Stirnimann

Diplomou-se em Psicologia Analítica no Instituto C.G. Jung de Zurique, e em Filosofia pela USP/SP. Trabalha e reside em São Paulo.

Wolfgang Giegerich

Analista junguiano com consultório particular em Wörthsee, perto de Munique, Alemanha, e autor de muitos livros; seus artigos têm aparecido com freqüência no *Spring Journal* e *Eranos Yearbooks*.

Capa: CAMILA MESQUITA, sobre o quadro "A pequena Torre de Babel" de Pieter Bruegel, o Velho (c.1563, Museu Boymans-van Beuningen, Roterdã)
Projeto gráfico e diagramação: INTY MENDOZA
Revisão das traduções: MERLE SCOSS
Edição de texto: EDUARDO ARAIA
Fotolitos: JOIN BUREAU DE EDITORAÇÃO

Dados Internacionais de Catalogação na Publicação (CIP)
(Câmara Brasileira do Livro, SP, Brasil)

Manhã de setembro: o pesadelo global do terrorismo / Luigi Zoja, Donald Williams (orgs.); revisão técnica Caio Kugelmas. -- São Paulo : Axis Mundi, 2003.

Vários autores.
Vários tradutores.
Bibliografia.
ISBN 85-85554-27-4

1. Ataques terroristas de 11 de setembro de 2001. 2. Fundamentalismo islâmico. 3. Psicologia junguiana. 4. Terrorismo. I. Zoja, Luigi. II. Williams, Donald. III. Kugelmas, Caio. IV. Título

03-1229 CDD-322.4019

Índices para catálogo sistemático:
1. Fundamentalismo islâmico : Aspectos psicológicos : Ciência política 322.4019

Primeira edição: abril de 2003.

AXIS MUNDI EDITORA LTDA
Rua Ruy Godoy Costa, 29
04549-030 São Paulo, SP
tel/fax: (11)3846-6229
e-mail: axismundi@uol.com.br
www.axismundieditora.com.br

Scaccomato © by Lucio Mariani. O poema *Xeque-mate* é publicado com permissão do poeta Lucio Mariani. Tradução de LUIS PELLEGRINI.

Prefácio de Luigi Zoja à edição italiana (*L'Incubo Globale*). Tradução de MARILENA CAMMAROTA e MERLE SCOSS.

Prefácio de Robert Hinshaw à edição original suiça. Tradução de LUIS PELLEGRINI.

11 Settembre 2001: Riflessioni sui due lati dell'Atlantico (September 11: Transatlantic Reflections) © by Luigi Zoja. Tradução de MARILENA CAMMAROTA.

Islamic Terrorism © by Wolfgang Giegerich. Tradução de DORNELIS BENATO e OTELMO EGGERS.

The Motivation of Terrorists © by Adolf Guggenbühl-Craig. Tradução de MELANIA SCOSS.

The Terror and the Temple © by Victor-Pierre Stirnimann. *O terror e o templo* © by VICTOR-PIERRE STIRNIMANN.

A Safe Place © by Verena Kast. Tradução de MELANIA SCOSS.

From Wahhabism to Talibanism © by Hechmi Dhaoui. Tradução de MERLE SCOSS.

Ground Zero: A Reading © by James Hillman. Tradução de GUSTAVO BARCELLOS.

Religion's Role in the Psychology of Terrorism © by Ann Belford Ulanov. Tradução de MELANIA SCOSS.

Stories about Stories © by Donald Williams. Tradução de MELANIA SCOSS.

Este livro foi composto em Goudy-Old-Style corpo 11,5/14,3 e impresso pela Gráfica Palas Athena em off-set sobre papel Chamois Fine 80g para a Axis Mundi Editora em abril de 2003.